최제우,
용천검을 들다

탐 철학 소설 37

최제우, 용천검을 들다

초판 인쇄	2018년 8월 23일
초판 발행	2018년 8월 28일
지은이	김용휘
책임 편집	김하늘
마케팅	강백산, 강지연
디자인	이정화
표지 일러스트	박근용
펴낸이	이재일
펴낸곳	토토북

주소 04034 서울시 마포구 양화로11길 18 3층 (서교동, 원오빌딩)
전화 02-332-6255 | 팩스 02-332-6286
홈페이지 www.totobook.com | 전자우편 totobooks@hanmail.net
출판등록 2002년 5월 30일 제10-2394호
ISBN 978-89-6496-384-5 44100
ISBN 978-89-6496-136-0 44100 (세트)

● 이 책의 사용 연령은 14세 이상입니다.
● 탐은 토토북의 청소년 출판 전문 브랜드입니다.

최제우,
용천검을 들다

김용휘
지음

37
탐
철학
소설

탐

차례

예전부터 질문이 하나 있습니다. 만약에 수운이 1864년 대구에서 돌아가시지 않았다면 과연 어떤 삶을 사셨을까 하는 것이었습니다. 그러다가 〈그리스도 최후의 유혹〉이라는 영화를 보게 되었습니다. 니코스 카잔차키스의 소설을 원작으로 만든 영화인데, 예수가 죽기 직전에 천사가 나타나 하나님의 명령이라며 십자가에서 내려와 보통 인간으로 살아가라고 합니다. 예수는 그 말을 믿고 막달레나 마리아와 결혼해 아이들을 낳고 살게 됩니다. 이처럼 이 영화는 예수를 전지전능의 대상이 아닌 인간적인 존재로 그리고 있습니다.

이 소설의 또 다른 모티프는 권정생의 동화 《하느님이 우리 옆집에 살고 있네요》입니다. 이 동화는 하느님이 아들 예수와 함께 이 땅에 내려와 보통 사람으로 살아가는 이야기입니다. 내려올 때 어떤 기적이나 능력을 쓰지 않기로 했기 때문에 하느님과 예수는 서울 변두리 천막촌에서 가난한 사람들과 살며, 공사장 인부도 하고 청소부도 하고, 과일 노점상도 하면서 힘겹게 살게 됩니다. 재개발로 인해 살고 있던 집이 하루아침에 철거반에 의해 부서지고, 그 과정에서 얻어맞기도 하고, 노점상을 하다 잡혀가기도 합니다. 돈이 없어서 반지하 셋방에 살기도 하죠. 이 동화는 하느님과 예수님을 전지전능한 존재로 그리지 않고 화도 내고 울기도 잘하는, 어떨 때는 좀 지질하기까지 한 지극히 평범한 우리의 이웃집 노인, 아저씨로 그리고 있습니다. 저는 이런 모습이 오히려 좋았습니다. 너무 위대해서 평범한 우리들은 도저히 따라갈 수 없는 그런 존재보다는 화도 내고 울기도 하는, 마음 하나만큼은 정말 따뜻한 사람 말입니다.

위의 두 작품에서 영감을 얻어 이 책을 구상하게 되었습니다. 제가 소설이라는 방식을 빌어 약간 억지스러운 설정까지 무릅쓰고 수운을 살아서 평범한 한 남자로 살아가게 한 것은 사실 '동학적 삶'이 무엇인지 보여 주고 싶어서입니다. 저는 대학에서 20년 넘게 동양철학 강의를 해 왔습니다만, 어느 순간부터 어떤 철학자가 어떤 사상을 내놓았다고 이야기하기 싫어졌어요. 그보다는 그 철학자가 어떤 삶을 살았고, 어떤 세상을 꿈꾸었는가를 말하고 싶었어요. 그래서 저는 수운 선생을 교주에서 평민으로, 한 아이의 아버지와 남편으로 살아가는 모습을 될 수 있는 한 인간적으로 그리려고 했어요. 그러므로 이 자리를 빌려 수운 선생과 연수의 이야기, 대구 장대 이후의 모습은 모두 역사적 사실이 아님을 분명히 밝힙니다. 그리고 일본의 '초승달 부대' 역시 상상의 소산입니다.

저는 이 책을 통해 우리 청소년들이 동학사상에 대해서 잘 이해할 수 있기를 바랍니다. 특히 동학이라고 하면 '인내천(人乃天)'이라고 알고 있는데, 사실 수운 선생이 깨달은 것은 '시천주(侍天主)'라는 사실을 제대로 알았으면 해요. 하지만 그보다도 '시천주'를 어떻게 생활 속에서 실천할 수 있는지를 알았으면 좋겠어요. 우리 삶에서 가장 중요한 것은 이천년 전이나 오늘날이나 마찬가지로, 의식주를 스스로 해결하고, 아이를 낳아서 잘 기르고, 아내와 남편이 진정으로 아끼고 사랑하고, 가까운 사람들과 잘 지내는 것이에요. 그리고 무엇보다도 중요한 것은 진정으로 자신을 사랑하는 일이에요.

동학은 모든 존재가 하늘님이에요. 우리 곁의 가장 가난하거나 고통받는 약자가 하늘님입니다. 그래서 어린이도, 청소년 여러분도 하늘님이에요. 그리고 여러분의 몸과 마음도 하늘님이에요. 몸과 마음을 떠나서 따로 하늘님이 있지 않다는 것이 동학입니다. 그러므로 하늘님을 잘 섬긴다는 것은 다름 아닌 주변의 고통받는 사람들을 잘 섬기는 것이며, 자기 몸과 마음을 잘 섬기는 거예요. 이것이 핵심입니다.

그동안 여러분들은 수학과 영어 점수를 높이는 것을 중요한 공부라고 알았을지도 모르겠어요. 그건 물론 어른들의 잘못입니다. 그런데 사실 진짜 공부는 우리가 살아가는 데 정말 필요한 지식과 기술을 배우는 것이어야 합니다. 그 실질적 '삶의 지식'과 '삶의 기술'은 바로 위에서 언급한 것들입니다. 그리고 여기에 하나 더 보태면, 직접 먹을 것을 지어먹고, 자기 살 집을 스스로 짓고, 몸이 아플 때 자신을 치유할 수 있는 것이에요. 물론 이런 것들은 오늘날에는 다 전문가의 영역이 되어 있습니다. 하지만 자기 삶의 참된 주인이 되기 위해서는 적어도 '삶의 기술' 중

들어가며

의 하나라도 배우지 않으면 안 됩니다. 이 소설에서 딸 설이를 여러 스승에게 보내 '주유천하'를 하게 하고, 삶의 기술을 배우게 하는 설정 역시 이런 이유에서입니다. 우리가 살아가는 데 정말 필요하고 중요한 것을 스스로 할 수 있게 되면 그만큼 삶이 자유로워집니다. 자기 몸과 마음의 주인이 될 때 비로소 자기 삶의 주인이 될 수 있습니다.

용천검에 대해서도 한마디 안 할 수 없군요. 수운 선생이 목검을 들고 검가를 부르며, 검무를 춘 것은 역사적 사실이에요. 그리고 '용천검'이라는 말도 수운 선생이 직접 쓰신 표현입니다. 용천검은 불의를 베고, 백성을 살리는 칼이에요. 다만 이 부분의 몇 가지 아이디어는 영화 〈바람의 검심〉에서 얻었다는 것을 밝혀야겠네요. '용천검'의 핵심은 하늘의 기운을 받아서 그 기운을 쓰는 것이에요. 그 기운으로 자기 몸의 기운도 바로잡고, 때에 따라 상대방을 제압할 수도 있는 것입니다. 수운 선생이 발견한 것 중 하나가 바로 하늘의 기운과 하늘의 지혜를 받아서 사는 방법이었어요. 철새가 기류를 타고 수천 리를 이동하고, 연어가 해류를 타고 역시 수천 리를 이동하듯이 우리 사람이 하늘의 기운과 지혜로 사는 방법을 제시한 것이 수운의 동학이에요. 그걸 '용천검'을 통해 표현한 것입니다. 그 요령은 다름 아닌 하늘에 나를 내맡기는 것이에요. 그 요령을 깨치면, 모든 일에 하늘의 힘과 지혜를 활용할 수 있게 됩니다. 좀 신비롭게 들리지요? 수운 선생이 깨쳐서 사람들에게 가르치려고 했던 것이 바로 이것이에요. 한마디로 말해서 자기 마음의 고삐를 잘 움켜잡아 내 삶의 주인으로 살되, 하늘에 내맡기는 삶이지요. 마치 자동차를 운전하는 원리와 같습니다. 운전대를 확실히 잡고 운전하되, 엔진의 힘으로 가는 원리 말이에요.

이 책이 나오는 데 많은 분의 도움이 있었어요. 이 책을 기획하고 원고를 다듬는 데 많은 애를 써 주신 김하늘 선생님, 그리고 부족한 원고를 읽고 좋은 조언을 해 주신 최성현 선생님, 이균형 선생님, 최경미 선생님, 여은희 작가님, 이선아 작가님, 그리고 나의 친구 이원영, 김성진 님께 진심으로 감사드립니다. 그리고 누구보다도 나를 진짜 '동학의 삶'으로 이끌어 준 나의 아내 윤경에게 가장 큰 감사의 절을 올립니다. 이 책은 아내 윤경과 뒤늦게 우리에게 와 준 세 살배기 딸 단우에게 바칩니다. 단우가 이 책을 읽게 될 그 날이 설레는군요.

이 책을 통해 청소년들이 자신의 몸과 마음을 소중히 대하고, 그 주인이 될 수 있기를 간절히 바랍니다. 그래서 자기를 진정으로 사랑하는 사람, 그리고 그 마음으로 다른 사람, 다른 생명, 나아가 작은 물건 하나까지도 소중히 대하는 사람이 되길 간절히 바랍니다. 그것이 자기 삶의 주인이 되는 방법이며, 품격 있는 삶을 사는 길이며, 이 지구를 좀 더 평화롭고 존엄한 별로 만드는 길이기 때문입니다.

2018년 6월 1일
두물머리에서 김용휘 씀

뼛속 깊이 찬바람이 파고들었다. 소한(小寒)의 추위였다. 저고리 하나만 달랑 걸친 수운의 몸은 찬바람이 파고들자 심하게 떨렸다. 위 아랫니가 '타닥타닥' 소리를 내며 저절로 부딪쳤다. 터진 입술에서 흘러나온 피는 이미 얼어붙어 있었다. 차라리 이대로 죽는 것이 나을 것 같았다. 시간이 멈추고 영원히 흐르지 않을 것처럼 느껴졌다.

경주 용담 골짜기로 난데없이 나졸들이 나타난 건 계해년 12월 10일(1863년, 음력) 밤늦은 시간이었다. 선전관(왕의 명령을 전달하는 관직) 정운구가 이끄는 30여 명의 나졸들이 자정을 넘어 벼락같이 들이닥쳤다. 잠자고 있던 수운과 제자들은 옷도 제대로 걸치지 못하고 끌려나왔다. 정신 차릴 시간도 없이 발목에는 쇠사슬이 채워지고 온몸에는 포승줄이 감겼다. 유난히 추운 밤이었다.

형산강 어귀에 이르자 정운구는 잠시 쉬어 가자고 하면서 불을 피우고 간이 막사를 세웠다. 수운과 제자들은 한 사람씩 나무에 매달았다. 수운의 몸은 사다리같이 생긴 나무의 한복판에 매달았는데 두 다리를 사다리 양편에 나누어 묶고, 두 팔은 뒷짐을 지운 채로 상투를 풀어 묶었다. 그리고는 강바람이 가장 매서운 나무 둥치에 매달았다. 얼굴은 몽둥이에 맞아 피로 얼룩져 있었다. 옷도 제대로 입지 못한 채 한겨울 강바람을 맞으니 살점이 뜯기는 듯한 고통이 온몸을 휘감았다. 차라리 불로 지지는 고문이 훨씬 낫겠다고 수운은 생각했다.

경주 감영에 도착한 것은 동이 막 틀 무렵이었다. 거기서 간단한 신원 조사를 하고 오후에 곧바로 한양으로 압송되었다. 수운의 손발에는 형틀이 채워진 채로 끌려갔다. 그 과정에서 군교와 나졸들의 악행과 모욕이 이어졌다. 뇌물을 바치게 하려는 속셈이었다. 위로부터 아래까지 썩지 않은 곳이 없었다. 그렇게 조선은 저물어 가고 있었다. 온갖 고초 끝에 한양의 관문인 과천에 도착했을 때 철종의 승하 소식이 전해졌다.

국상을 치러야 했기에 사건은 경상감영(경상도 전체를 담당하던 관청으로 당시 대구에 있었다)으로 넘겨졌다. 12월 26일경 다시 과천을 떠나 경상감영에 도착한 것은 음력 설을 지난 1월 6일이었다. 당시 경상감사(경상감영의 최고 책임자, 관찰사라고도 함)는 서헌순이었다. 서헌순은 사헌부, 대사헌, 한성부판윤, 형조판서 등 요직을 두루 거친 인물이었다. 당시 관리치고는 청렴하고 판결이 엄격하다고 알려진 인물이었다. 심문은 1월 15일경부터 시작되었다.

1

심문

경상감영에서의 심문은 혹독했다. 심문은 경상감사 서헌순이 주로 맡았으나 상주목사 조영화, 지례현감 정기화, 산청현감 이기재도 심문관으로 참여했다. 서헌순을 가운데로 하여 네 사람이 마루 위에 놓인 큰 의자에 나란히 앉고, 마루 아래에는 양쪽으로 비장[1]과 별장[2]들이 갑옷과 큰 칼을 차고 섰다. 그 뒤로 수십 명의 나졸이 병풍처럼 둘러서 있었다. 선화당[3] 마당에는 수운이 목에 큰 칼을 쓴 채 의자에 앉아 있었다. 서헌순의 심문이 시작되었다.

"죄인은 들어라. 너는 퇴계 선생의 학문을 이어받은 명망 있는 집안의 자제로서 어찌 공맹(공자(孔子)와 맹자(孟子))의 도를 벗어나 그릇된 도로 세상을 어지럽히고 백성을 현혹시켰느냐?"

수운의 아버지 근암공 최옥은 당시 영남 일대에서도 이름난 선비였다. 최옥은 기와 이상원에게서 배웠는데, 이상원은 당시 소퇴계라 불린 대산 이상정에게서 배웠다. 이상정은 퇴계 이황, 이현일, 이재로 내려오는 퇴계학의 적통 중의 적통이었다. 게다가 수운의 집안인 경주 최씨는 경주에서도 이름난 가문이었기에 서헌순은 조심스럽게 접근했다.

"나는 유학(儒學)의 도를 벗어난 적이 없소이다. 오직 하늘의 뜻을 공경하고 순종하고자 했소이다. 다만 조선은 지리와 풍속이 중국과 다르기에 우리 실정에 맞는 학문이 필요하다고 생각했을 뿐이오."

수운은 목에 큰 칼을 차고서도 한 치의 흔들림 없이 의연하게 대답했다.

"네가 이단의 학문으로 유학을 어지럽히고도 그따위 말로 네 죄를 덮으려고 하느냐? 네가 말한 '동학'이 대관절 무엇이더냐?"

"동학은 '동국의 학문'이란 뜻이오. 즉 우리 조선의 학문이란 뜻이오."

"동학이 동국의 학문이란 뜻이라고? 그런데 어찌 '천주'를 들먹거리며 서학과 같은 말을 하고, 일개 필부의 몸으로서 천제를 지낸 것이냐? 하늘에 제사를 지내는 것은 천자만이 할 수 있는 것이라 우리 임금께서도 친히 하시지 못하거늘."

서헌순이 오른손에 쥐고 있던 등채를 왼손바닥에 '탁탁' 부딪치면서 물었다.

"서학과 같다니 가당치도 않소이다. 난 오히려 서양이 경신년(1860년)에 북경을 함락하고 곧 조선으로 쳐들어올 것을 염려하여 동학을 일으킨 것이오. 그리고 내가 믿는 천주는 서학의 천주가 아니라 우리 백성들이 오랜 세월 믿어 온 하늘님이외다. 그런데 조선에 와서 성리학만을 숭상하면서 우리의 전통마저 내팽개쳤으니 참으로 통탄할 일이었소."

"감히 조선의 성리학을 비난하는 것이냐? 조선을 건국한 태조 임금과 삼봉 정도전 어른께서 성리학으로 나라의 기틀을 새롭게 하고 일체의 미신과 이단을 뿌리 뽑고자 한 것이거늘, 어찌 옛 풍속으로 네 이단의 학문을 변명하려는 것이냐?"

"나는 공맹의 도를 부정한 것이 아니라, 우리의 실정에 맞아야 한다는 것을 말하고자 함이오."

서헌순은 수운의 용모에서 풍기는 범상치 않은 기운과 의연함에 내심 감복하기도 하였고, 수운이 경주의 이름난 선비 근암공의 자제라 처음에는 함부로 대하지 않았다. 게다가 수운은 도를 통하여 천지조화를 부린다는 소문을 들은 터라 혹시나 하는 두려움이 있었다. 첫날 심문은 이쯤에서 끝났다.

그날 저녁 곽덕원[4]이 사식을 가지고 들어왔다. 덕원은 현풍(대구 광역시 달성 지역의 옛 지명) 출신으로 글공부도 많이 한 편이었지만 무엇보다 속정이 깊은 사람이었다. 덕원은 수운이 잡혔다는 소식을 듣고부터 밤잠을 자지 못하고 누구보다 앞서 달려와 옥바라지를 자청했다. 차라리 자신이 대신 고초를 당할 수 있다면 그렇게 하고 싶었다.

"자네가 고생이 많네."

"스승님에 비하면 고생도 아닙니다. 좀 어떠신지요?"

"견딜 만하네. 지금 이곳에 우리 도인들이 몇 명이나 갇혀 있는가?"

"강원보[5], 이내겸[6]을 비롯하여 20여 명이 들어와 있습니다."

"그런가. 우리 안사람과 세정이 세청이는 어찌 되었는가?"

"아직 경주 관아에 잡혀 계신 것으로 압니다."

"그런가? 덕원이! 부탁이 하나 있네."

"예, 스승님. 말씀만 하십시오."

"여기 옥에 사식을 넣어 주는 가족이 없어 굶주리는 사람들이 많은 거 같네. 가능하다면 옥에 갇힌 사람들에게 주먹밥이라도 좀 넣어 줄 수 있겠나? 나 혼자 밥이 넘어가지 않는구먼."

수운은 자신의 처지에 앞서 옥에 갇힌 백성들을 먼저 생각했다. 당시에 옥은 하루에 한 번 꼴로 음식이 제공되었는데 때론 이마저도 제공되지 않는 때도 있었다. 그 때문에 가족이 사식을 넣어 주지 않으면 굶주리는 경우가 많았다.

"예, 염려 마십시오. 스승님 계시는 동안이라도 여기서 굶주리는 사람 없게 하겠습니다."

"고맙네, 그리고 부탁이 하나 더 있네만."

"말씀하십시오."

"이걸 경상이에게 좀 전해 주게. 그리고 이 주변엔 얼씬도 하지 말고 멀리 가라고 일러 주게. 그리 해 줄 수 있겠나?"

경상은 동학의 2세 교주가 된 최시형(해월, 海月)의 원래 이름이다. 수운은 작년(1863년) 8월에 이미 이런 일을 예상하고 최경상에게 도통을 전수하여 후일을 맡겨 두었다. 수운은 품 안에서 담뱃대 하나를 꺼내 덕원에게 전해 주었다.

"예, 알겠습니다. 꼭 그리 전하겠습니다."

일주일 후, 두 번째 심문부터는 분위기가 달라졌다. 아마도 조정으로부터 교지가 내려온 듯했다. 서헌순의 심문이 이어졌다.

"네놈 제자들을 심문했더니 네가 산 위에 올라가 사람들을 모으고 검을 들고 검가(검무를 추며 부르던 노래)를 부르며 검무(검을 들고 추는 춤)를 추었다고 하니 필시 역모를 도모하고자 함이 아니었더냐?"

첫 번째 심문과 달리 서헌순의 목소리에서도 강경한 분위기가 느껴졌다.

"역모라니, 가당치도 않소이다. 애초에 칼을 든 것은 서양의 침략을 대비하기 위함이었소. 하지만 그것도 하늘로부터 도를 받고 나서부터는 그만두었소. 내가 산 위에서 검무를 춘 것은 기운 공부 차원에서 한 것이지 다른 건 아니외다."

"기운 공부의 일환이었다? 그렇다면 검가는 어떤 것이냐?"

서헌순이 짐짓 근엄한 표정을 지으며 물었다. 잠깐 눈을 감고 생각에 잠긴 수운은 이내 눈을 뜨고 호흡을 가다듬고 검가를 부르기 시작했다.

시호시호 이내시호 부재래지 시호로다

만세일지 장부로서 오만년지 시호로다

용천검 드는 칼을 아니쓰고 무엇하리

무수장삼 떨쳐입고 이칼저칼 넌즛들어

호호망망 넓은천지 일신으로 비켜서서

칼노래 한 곡조를 시호시호 불러내니

용천검 날랜 칼은 일월을 희롱하고

게으른 무수장삼 우주에 덮여있네

만고명장 어디있나 장부당전 무장사라

좋을시고 좋을시고 이내신명 좋을시고

수운이 검가를 부르는데 그 목소리가 청아하면서도 우렁찼다. 마치 백만 대군을 통솔하는 대장부의 기상이 느껴졌다. 서헌순이 그 기세에 내심 기가 눌리면서도 헛기침을 한 번 하고 목에 힘을 주며 말했다.

"'용천검 드는 칼을 아니 쓰고 무엇 하리' 이 어찌 명백한 역모의 노래가 아니더냐? 그래도 역모를 숨기려고 하는 것이냐!"

"다시 한번 말하지만, 이 칼은 사람을 죽이는 칼이 아니라 내 몸의 사특한 기운을 바로잡고 세상의 탁한 기운을 맑게 하는 생명을 살리는 칼이오."

"이놈이 그래도 네 죄를 실토하지 않고 세 치 혀로 나를 현혹하려 하느냐? 여봐라 죄를 자백할 때까지 매우 쳐라!"

"예이!"

나졸 두 사람이 절굿공이 같은 몽둥이를 수운의 허벅지 위로 사정없이 내리쳤다. 엄동설한에 홑바지 위로 내리치는 몽둥이는 꽁꽁 언 몸을 깊숙이 파고들었다. 마치 바늘 뭉치가 파고드는 듯한 격한 통증이 느껴졌다. 신음이 목을 타고 저절로 흘러나왔다. 몽둥이질이 열 번을 넘자 살점이 찢기고 피가 튀기 시작했다. 하지만 몽둥이질은 멈추지 않았다. 스무 번이 지나자 머리가 혼미해지며 정신을 잃었다. 그렇게 두 번째 심문이 끝났다.

깨어나니 옥 안이었다. 천장 모서리에 쳐진 거미줄이 저물어 가는 저녁 햇살을 받아 반짝였다. 바닥에 짚이 두툼하게 깔려 있긴 했지만 차디찬 냉기를 막기에는 역부족이었다. 냉기가 뼛속으로 들어오면서 다시 극심한 통증이 온몸을 파고들었다. 뼈마디가 다 부서진 듯 몸을 움직일 수조차 없었다. 얼굴에 흐르던 피가 수염에 엉겨 붙어 얼음이 얼었다. 수운은 순간 하늘이 원망스러웠다.

4년 전 경신년(1860년) 4월, 경주 용담에서 수운에게 불현듯 들린 하늘의 목소리는 이제 더는 들리지 않았다. 이미 죽고 사는 것이 하나라는 것을 깨달았지만 그래도 몸이 있는 이상 고통은 어쩔 수 없었다. 매달릴 수 있는 건 하늘밖에 없었다. 온몸에 힘을 빼고 하늘에 몸을 온전히 맡기는 심정으로 숨을 길게 내쉬었다.

얼마 안 가서 수운의 마음이 편안해졌다. 고통도 참을 만하게 느껴졌다. 고통이라는 감각이 하나의 대상으로 분리되었다. 이제 수운은 그 감각을 차분한 마음으로 바라보았다. 고통은 이미 수운의 것이 아니었다. 마음에 깊은 평화가 밀려왔다. 이대로도 좋았다. 수운의 공부는 몸을 순간 이동해서 저 옥 밖으로 옮기는 그런 종류의 것은 아니었다. 다만 어떤 상황에서도 평정하고 의연할 수 있는 것이 그가 얻은 것이었다. 수운의 입가에 옅은 미소가 번졌다.

세 번째 심문이 이어졌다. 밤새 상주목사 조영화, 지례현감 정기화와 더불어 술판을 벌였는지 경상감사 서헌순의 얼굴엔 피곤한 기색이 역력했다. 산청현감 이기재는 보이지 않았다. 서헌순의 목소리가 갈라져 나왔다. 술 냄새가 진동하는 듯했다. 그러자 상주목사 조영화가 나섰다.

"제가 좀 해 볼까요?"

"그렇게 하시오."

조영화는 상주 도남서원에서 동학 배척 운동이 벌어졌을 때부터 동학에 좋지 않은 감정이 있던 인물이었다. 조영화는 짐짓 얼굴에 노기를 띠고 고함을 질렀다.

"네 이놈! 이제 네 죄를 순순히 자백하겠느냐?"

"다시 말하지만 나는 무너져 가는 나라를 바로잡고 신음하는 백성들을 편안하게 하고자 했을 뿐이오."

"무너져 가는 나라를 바로잡는다고? 네놈이 뭔데 나라를 바로잡는다는 말이냐? 바로잡는다는 것은 곧 역모를 뜻하는 것이렷다?"

두 번째 심문부터 이번 사건을 역모로 몰고 가려는 분위기가 역력했다. 어쩌면 처음부터 조정에서 그렇게 교지가 내렸는지도 모른다. 하긴 왕의 최측근인 선전관을 경주까지 보내서 수운을 잡아 오라고 한 데서 조정이 이번 사건을 얼마나 엄중하게 보고 있는지 알 수 있었다.

"가당치 않은 말이오. 나는 도와 덕으로써 나라를 바로잡으려 했을 뿐이오."

"네놈이 곧 세상이 망할 것처럼 요언을 퍼뜨려 불안감을 부추기고 사람들을 일월산에 모아 검무를 추며 역모를 도모했다는 것을 이미 네 제자가 자백했거늘 그래도 부인하겠느냐?"

"서양의 침략을 경계한 것은 사실이오. 청나라가 서양의 군함에 무너진 것처럼 조선도 곧 서양의 침략에 짓밟힐 걸 우려했소. 하지만 내가 칼춤을 춘 것은 하늘의 기운을 주체할 수 없기에 목검을 들고 그 기운을 푼 것이오. 역모라 함은 가당치 않소."

"그럼 일월산의 일은 어찌 된 것이냐?"

조영화가 어제 제자 이내겸과 이정화, 강원보를 심문한 것을 토대로 집요하게 캐물었다.

"난 모르는 일이오. 아마도 제자 몇몇이 영양의 일원산에서 하늘에 제사(天際)를 지낸 일을 말한 모양이오."

"이놈이 여전히 네 죄를 실토하지 않고 부인으로 일관하는구나. 여봐라! 이놈이 바른대로 불 때까지 매우 쳐라."

"예이."

무자비한 매질이 이어졌다. 급기야 허벅다리로 긴 나무를 질러 넣고 주리를 틀었다. 허벅지 뼈가 부러질 듯 아찔한 통증이 밀려왔다가 사라지고, 다시 밀려왔다가 사라지기를 반복했다.

수운은 호흡을 가다듬으며 고통을 정면으로 바라보았다. 그러자 다시 고통이라는 감각이 몸과 분리됨을 느꼈다. 고통을 느끼는 몸으로서의 '나'가 있는가 하면 그것을 바라보는 더 근원적인 '나'가 있다는 것을 수운은 체득했다. 수운은 그 근원적인 '나'의 자리에서 고통이라는 현상을 바라보았다.

수운이 신음조차 하지 않으니 주리를 트는 손에 더욱 힘이 들어

갔다. 오히려 나졸들의 얼굴이 뒤틀리기 시작했다. 고통이 점점 멀어져 가는 것을 느낌과 동시에 수운의 정신은 어느덧 희미해져 갔다. 세 번째 심문이 끝났다.

그날 저녁 덕원이 저녁밥을 가지고 들어왔다. 덕원은 김이 무럭무럭 나는 떡과 고깃국을 한 동이 들고 와서 옥 안의 모든 사람에게 골고루 나눠 주었다.

"고맙네. 이제야 밥이 넘어가겠군. 그래 경상이는 멀리 갔느냐?"

"예, 지난번 그 길로 바로 떠났습니다."

세 번째 심문 후 한동안 부름이 없더니 음력 2월 20일경 네 번째 심문이 이어졌다. 서헌순이 턱수염을 쓰다듬으며 물었다.

"네놈이 동학이라고 했지만 사실 서학과 다를 게 무엇이냐? 천주를 섬기는 것은 같지 않으냐."

"같은 듯하나 같지 않고, 같지 않은 듯하나 같소이다."

"무슨 궤변이냐?"

"도로 보면 하나의 도라고 할 수 있지마는, 이치로 보면 같지 않소이다. 천주 하늘님을 섬기는 것은 같다고 할 수 있지만, 우리 도는 하늘님을 저 하늘에 계시다고 보지 않는다는 점에서 다르지요."

"하늘에 계시지 않는다고?"

"마음에 계십니다. 마음이 곧 하늘이지요. 그것을 바로 시천주(侍

天主)[7]라고 하오. 즉 내 안에 하늘님을 모시고 산다고 한 것이요. 하늘님은 천지에 가득 차 있으며, 우리 안에도 계시오. 우리는 하늘의 기운 속에서 태어나 살고, 그 기운 속에서 하나로 연결되어 있소이다. 마치 물고기들이 물속에서 사는 것 같이 말이오."

"갈수록 이해할 수 없는 말을 하는구나. 그런 식으로 사람들을 현혹하고 모아서 결국 조정을 뒤엎으려고 한 것이 아니고 무엇이냐?"

"나는 모든 사람 안에 깃든 하늘을 보라고 하였소. 비록 초야의 보잘것없는 백성이지만 모두가 신성한 하늘님을 모신 빛나는 존재라는 것을 깨닫길 바랐소. 양반만이 존귀한 존재가 아니란 말이오."

"그 말이야말로 윤리강상(유가(儒家)에서 정해 놓은, 봉건사회에서 사람으로서 마땅히 행하거나 지켜야 할 도리)을 무너뜨리고 나라를 위태롭게 하는 말이 아니고 무엇이냐? 무지한 백성들을 부추겨서 신분 질서를 뒤엎고 요사스러운 말로 주자학의 바른 전통을 어지럽히려고 했으니 사문난적(유학의 가르침에 어긋나는 언행을 하는 사람을 이르는 말)이 아니고 무엇이냐? 마땅히 좌도난정(이단의 도로써 나라를 어지럽힘)의 죄로 다스려야 할 것이다."

"도가 어찌 좌우가 있겠소만 백성들의 신음에 귀 기울이는 것이 참된 도가 아니겠소? 나는 굶주린 배를 채워 주지는 못했지만, 주린 배보다 더 참기 힘든 차별과 버러지만도 못한 취급을 당하는 백성들이 존중받는 세상을 꿈꾸었소."

"네 말을 듣고 있자니 요설이 끝도 없구나. 양반과 상놈이 어찌 평등할 수 있단 말이냐! 왜 동학이 이단인지가 명명백백해졌구나. 그래도 너의 죄를 인정하지 못하겠느냐?"

"……."

"여봐라! 저놈이 죄를 인정할 때까지 주리를 틀어라."

"예잇."

"으아, 억!"

우지직.

나무가 부러지듯 둔탁한 소리가 선화당을 가득 채웠다.

"무슨 소리냐?"

"다리뼈가 부러진 모양입니다."

"뭐라! 에이, 독한 놈 같으니라고. 그만하면 됐다. 이미 죄를 자백한 거나 다름없으니 끌고 가라."

수운은 허벅지에 극심한 통증을 느끼며 다시 끌려 들어가 차디찬 옥 바닥에 짐승처럼 내던져졌다. 차가운 흙벽에 등을 기대며 꼼짝도 하지 않는 오른쪽 다리를 간신히 뻗었다. 다행히 힘이 들어가는 걸 보니 완전히 부러진 건 아닌 것 같았다. 기운을 그곳에 모아서 나직이 '시천주'를 읊조렸다. 한 십 분쯤 되었을 때 몸에 따뜻한 기운이 돌면서 허벅지로 흐르는 기운이 느껴졌다. 다시 숨이 깊이 내려가면서 몸이 가벼워지고 머리가 맑아졌다.

얼마나 시간이 흘렀는지 모를 만큼 빠르게 하루하루가 흘러갔다. 아침인지 저녁인지 구분하지 못할 만큼 햇빛이 거미줄에 잠시 머물다 사라졌다. 그동안 덕원이 몇 번 밥을 가지고 왔다. 그러고 또 며칠이 지났을까. 나지막이 부르는 소리가 들렸다. 덕원이었다.

"오늘 조정에서 교지가 내렸습니다."

덕원의 눈가에 벌겋게 물기가 가득했다.

"괜찮네. 말해 보게."

수운이 담담하게 말했다.

"동학은 서양의 요사스러운 가르침을 그대로 옮겨 이름만 바꾼 거라면서 백성들을 속이고 세상을 어지럽혔으니 속히 엄벌을 내리지 않으면 나라 기강을 세울 수가 없다고, 좌도난정의 죄로 참수하여 그 목을 효수하라는 교지가 내려왔다고 합니다."

덕원은 말을 다 잇지 못하고 결국 울음을 터뜨렸다.

"그랬구나. 결국."

이미 예상한 일이었다. 수운은 눈을 지그시 감았다.

수운은 덕원이 가져온 밥에 국물을 말아 마지막이 될지도 모를 지상에서의 식사 한 끼를 거룩하게 모셨다. 따끈한 국물이 목구멍을 타고 넘어가자 온몸이 노곤해지며 참을 수 없이 깊은 잠이 몰려왔다.

[1] 조선 시대 감사·절도사 등 지방 장관이 데리고 다니던 일종의 비서관.

[2] 조선 시대 지방의 산성·나루터·포구·보루·소도 등의 수비를 맡은 종9품 무관.

[3] 경상도 관찰사가 공무를 보던 곳. 현재 대구광역시 유형문화재 제1호로 지정되어 있다.

[4] 대구 현풍 사람으로 학문이 높고 수운을 지극히 존경하던 동학도인이었다. 수운의 옥바라지
를 자원했다. 《최선생문집도원기서》에는 "곽덕원의 정성과 효심은 이보다 누가 더하랴. 몸
에는 굵은 새끼 띠를 두르고 망건을 벗고 얼굴에 검정 칠을 하고 매일같이 세 때가 되면 맛있
는 음식을 차려 바쳤다. 선생 섬기는 일을 마치더라도 혹시 미진함이 없을까 둘러보고서야
집으로 돌아갔다"고 기록되어 있다.

[5] 경주접소의 접주. 강원보의 접(接)에는 문벌이 높고 문장이 뛰어난 사람도 많았다고 한다.
1863년 12월, 최제우와 함께 체포되어 이듬해 3월 다른 동학교도 12명과 함께 유배형에 처
했다. 수운의 수제자 다섯 사람(최자원, 강원보, 백원수, 최신오, 최경오) 중의 한 사람으로 꼽
힌다. 최경오는 해월이다.

[6] 강원보, 백사길과 더불어 경주의 접주였다. 최제우와 같이 체포되어 한양까지 유일하게 같이
압송되었다.

[7] '시'는 모실 시, '천'은 하늘, '주'는 존칭어이다. 그러므로 '시천주'는 하늘(님)을 모신다는 뜻으
로, 모든 사람의 내면에 하늘(님)을 모시고 있다는 뜻이다. 동학에서 하늘(님)은 초월적인 절
대자 인격신이 아니라 우주를 가득 채우고 있는 지극한 기운이자 모든 사람의 내면에 깃들어
있는 거룩한 영이라고 할 수 있다.

2

탈옥

"그 사람 결국 처형될 거라고 하더군."

문경댁이 집에 들어서면서 빨래를 널고 있던 연수에게 말했다.

"누가요?"

"최수운 말이야. 네가 좋아하는 제선이 아저씨."

"뭐라고요?"

연수가 손에 들고 있던 빨래를 떨어뜨리며 소리쳤다. 그렇잖아도 가냘픈 손목이 후들후들 떨리고 있었다. 곱고 하얀 얼굴이 창백해졌다. 연수는 작년에 남편이 죽자 친정에 와서 어머니 문경댁과 지내고 있었다.

"아니 세상에! 말도 안 돼요."

연수가 손을 내저으며 울부짖었다. 푸른빛이 도는 맑은 눈동자가 심하게 흔들리며 눈물이 맺혔다.

"그러게 말이다. 그 착한 사람을 무슨 그리 큰 죄를 지었다고 죽인단 말이야. 그래도 어쩌겠니? 관에서 하는 걸 어쩌겠어."

눈시울이 불거진 문경댁도 안타까워하며 연수의 두 손을 꼭 쥐었다.

"안 돼요. 무슨 일이 있어도 살려야 해요. 어머니, 손 한번 써 봐요. 네? 그 사람 죽으면 저도 못 살아요."

연수는 제선 아저씨가 죽는다고 생각하니 숨이 탁 막히는 것 같았다. '제선'은 수운이 '제우'라는 이름으로 바꾸기 전에 쓰던 이름이었다. 연수는 제선을 어릴 때부터 좋아했다.

연수는 그 길로 문경댁과 경상감영 근처에 숙소를 마련하고 수운의 양사위 정울산[8]과 수운의 조카 맹륜[9], 그리고 곽덕원과 접촉하여 수운을 구할 방도를 의논했다.

"무슨 방도가 없을까요? 안 되면 제자들을 모아 쳐들어갑시다."

문경댁이 먼저 말을 꺼냈다.

"파옥은 어림도 없습니다. 옥졸만 스무 명이 넘고 밖에서 지키는 나졸만 해도 백오십 명은 족히 넘습니다. 지금 제자들을 다 모아도 백여 명이 채 안 될 텐데 잘못하면 동학은 명맥마저 끊깁니다."

옥 안 사정을 잘 아는 덕원이 손사래를 치며 말했다.

"지금 선생이 죽게 생겼는데, 제자들이 목숨을 아낀단 말입니까?"

문경댁이 섭섭한 표정을 지으며 소리를 높였다.

"목숨이 아까워 그런 게 아닙니다. 헛되이 희생을 초래해 동학의 앞날마저 망쳐 버리는 건 스승님도 바라지 않으실 겁니다."

"그러면 무슨 다른 방도가 없겠습니까?"

연수가 안타까이 물었다.

"듣기로 경상감사는 뇌물 같은 건 안 통한다고 합니다. 그렇다고 파옥을 할 수도 없고, 그럼 사람을 바꿔치기 하는 방법밖에 없는데."

정울산이 끼어들었다.

"뭐라고요? 사람을 바꿔치기 한다고요? 우리 제선 아저씨, 아니 수운 선생님과 다른 사람을요?"

연수가 입이 타는 듯 혀로 입술을 문지르며 되물었다.

"산 사람을 바꿔치기 한단 말입니까? 그걸 누가 자원하겠습니까?"

문경댁이 목소리를 높이며 물었다.

"제자 중에서 찾아보면 안 있겠습니까? 아니면 돈으로 사는 방법도 있고요."

정울산이 머리를 끄덕이며 대답했다.

"아무리 그래도 산 사람 목숨과 바꾸는 건 좀 그렇지요."

연수가 썩 내키지 않는 듯 기어들어 가는 목소리로 말했다.

"죽은 지 얼마 안 된 사람 시신을 구해서 바꾸는 방법은 어떻소?"

문경댁이 끼어들었다.

"제가 참형 절차를 알아봤는데 생각보다 엄격합니다. 소달구지에 양팔과 머리카락을 매달고 압송한 뒤에 형장에 도착하면 망나니가 옷을 벗기고 두 손을 뒤로 묶어 눕힙니다. 그리고 턱 밑에 나무토막을 받쳐 놓고 기다란 자루가 달린 칼로 내리칩니다. 효수하는 죄인이면 상투에 미리 줄을 매어서 잘린 목을 바로 매단다고 합니다."

옥 안 사정을 잘 아는 덕원이 참형 과정을 자세히 설명했다.

"엄마야, 말만 들어도 너무 끔찍하네요."

연수가 몸서리치며 짧은 신음을 토해 냈다.

"형장에 가기 전에 감사가 직접 확인을 합니까?"

문경댁이 다시 물었다.

"감사가 직접 하지는 않고 보통은 도사(都事, 종5품의 사법 보좌관)가 확인을 하고 별장 한 사람과 나졸 십여 명이 이송을 한다고 합니다."

덕원이 답했다.

"그러면 도사하고 별장을 매수해야겠는데요? 망나니도 매수해야하고요. 도사는 그렇다 치고 별장은 여럿인데 그날 이송 책임을 누가 맡을지는 어떻게 압니까?"

문경댁이 담뱃대에 불을 붙이며 물었다.

"그거야 하루 이틀 전에 안 나오겠습니까? 일단 도사를 매수한 다음 알아서 친분이 있는 별장을 포섭하게 하면 될 것 같습니다."

정울산이 끼어들어 답을 했다.

"시신을 옥에 들여 바꿔치기하는 것도 만만치 않을 건데요? 밖의 검문도 통과해야 하고, 옥에 들어가도 거기 옥졸들을 다 매수해야 한다는 얘긴데, 그게 가능하겠습니까?"

문경댁이 다시 물었다.

"그럼 뭐 죽어서 나오는 방법밖에 없겠네요."

지금까지 잠잠히 듣고 있던 맹륜이 입을 열었다.

"죽어서 나온다고?"

문경댁이 눈을 크게 뜨고 물었다.

"가끔 옥 안에서 고문에 못 이겨 죽거나, 굶어 죽거나, 얼어 죽는 경우가 드물지 않게 있답니다. 만약 얼마간이라도 맥이 안 잡히게 하는 약이 있으면 죽은 거로 위장할 수 있지 않을까요? 그러면 자기들이 알아서 시신을 내다 버릴 것 같은데요."

"죽었다는 건 누가 판단합니까?"

문경댁이 담뱃대를 탁탁 털면서 물었다.

"혜민서의 심약(審藥, 중앙의 혜민서에서 지방에 파견된 종9품 의원)이 판단합니다."

맹륜이 답했다.

"옥에서 죽으면 감사로서도 난감하지 않을까요?"

덕원이 물었다.

"바로 그겁니다. 감사로서도 고문으로 죽었다고 보고할 순 없으니 알아서 자기들이 바꿔치기한 다음 참형한 것처럼 꾸미지 않겠습니까? 그러면 우리가 바꿔치기할 필요가 없는 겁니다."

맹륜이 다시 덧붙였다.

"그래도 부검을 하지 않을까요?"

덕원이 질문을 이어 갔다.

"부검한다고요? 그건 안 될 일이에요. 절대 안 돼요!"

생각도 하기 싫다는 듯 연수가 고개를 흔들며 소리쳤다.

"그건 하늘에 맡기는 수밖에. 그런데 그런 약이 있긴 있을까요?"

문경댁이 다시 물었다.

"영해에 아주 용하다는 의원이 하나 있는데 제가 그 의원한테서 들은 적이 있습니다. 하루 정도 죽은 듯이 맥박이 잠잠해지다가 다시 돌아온다고 하더라고요. 약은 제가 한번 구해 보겠습니다."

울산이 당장 달려갈 기세로 말했다.

"그러면 사흘 후에 여기서 다시 봅시다. 약값은 여기 있소."

문경댁이 허리춤에서 오백 냥을 울산에게 건네면서 말했다.

"그리고 이건 심약과 친분을 터서 만약의 경우를 대비해 입막음 하는 데 쓰세요."

문경댁이 맹륜에게 다시 오백 냥을 건네면서 말했다.

그 길로 울산은 말을 한 필 빌려서 영해로 달렸다. 연수는 간절한 마음으로 두 손을 모았다.

"나으리, 큰일 났습니다. 죄인이 숨을 안 쉽니다."

덕원이 가져다준 마지막 밥을 수운이 다 먹은 후였다. 옥졸이 황

급히 나장에게 달려오면서 외쳤다.

"뭐라? 숨을 안 쉰다니, 언제부터?"

나장이 놀라서 되물었다.

"아침까지는 괜찮았습니다. 처음엔 자는 줄 알았는데 점심이 지났는데도 안 일어나서 들어가 보니 죽어 있었습니다."

"빨리 가서 심약을 모셔 오도록 하라. 난 감사께 이 사실을 보고해야겠다."

두 사람이 급히 움직였다. 얼마 후 심약 이서진이 비장과 함께 급하게 옥으로 들어와 수운의 맥을 짚었다.

"맥이 안 느껴지네. 심장도 뛰지 않고. 몸은 아직 따스한 기운이 남았는데 이상한 일이구면."

심약이 고개를 갸웃거리며 중얼거렸다.

"죽은 게 확실합니까?"

비장이 물었다.

"그런 것 같은데, 좀 이상합니다. 몸도 따뜻하고 얼굴은 편안한 게 꼭 살아 있는 것 같단 말입니다."

"사인은 뭡니까?"

"글쎄요. 부검을 해 봐야 알겠는데? 고문으로 온몸이 성한 데가 없는 데다가, 냉기가 이렇게 올라오니 멀쩡한 사람이라도 어찌 견디겠소."

평소 수운의 사람 됨됨이를 눈여겨보고 존경하는 마음을 가지고 있던 심약은 자기도 모르게 퉁명스럽게 대꾸하고 말았다.

"고문으로 죽었다고 조정에 보고하면, 감사께서도 곤란하실 텐데 큰일이네."

비장이 짐짓 걱정스러운 표정을 지으며 덧붙였다.

"일단 감사께 보고 드려서 부검 여부와 처리 절차를 여쭙고 오겠소."

해가 서산을 넘어갈 무렵 비장이 다시 나타났다.

"감사께서 죽은 게 확실하면 부검은 할 필요 없다고 하시고, 다만 조정에 보고해야 하니 시신이 부패하기 전에 산 사람처럼 형틀에 묶어 형장으로 끌고 가 목을 베고 효수하라고 하십니다. 미룰 것 없이 모레 바로 시행하라고 하시오."

"시신은 어떻게 할까요?"

"일단 혜민서에 보관하는 게 어떻겠소?"

"알겠습니다."

심약 이서진이 옥졸 네 명을 시켜 수운의 몸을 혜민서로 옮기고 퇴청을 하자, 맹륜이 멀리서 기다렸다가 뒤에서 따라오며 반갑게 아는 체를 했다.

"아이고, 이게 누구시오. 형님 아니시오. 이제 퇴청하는 길이시오?"

"아니, 아우님 아니신가? 이제 퇴청하는 길이지. 같이 한잔할 텐가?"

"예, 형님. 좋죠."

두 사람은 자리를 잡고 술잔을 주고받기 시작했다.

"그런데 아우님. 오늘 옥에 다녀왔는데, 글쎄 수운이 죽었지 뭔가."

심약이 소리를 낮추며 말했다. 맹륜이 사흘 전에 심약 이서진에게 접근하여 자신을 경주에 사는 최진사로 소개한 다음 술을 거나하게 대접하고 어울리며 형님으로 모시기로 했던지라 허물없이 이야기하기 시작했다. 사흘 동안 하루도 거르지 않고 만나서 술을 마시다 보니 어느새 십년지기처럼 느껴졌다.

"아니, 그 동학 교주 말이오?"

맹륜이 모른 체하며 물었다.

"맞네. 그 사람."

"아니, 그 사람 조화 술수를 부린다더니. 그럼 시신은 어떻게 한답니까?"

"산 사람처럼 형틀에 묶어서 모레 형장에서 참형하고 목을 효수하라는 감사의 명이 있으셨네."

"아니, 죽은 사람의 목을 베어서 효수한다고요?"

"별수 있겠나, 사실대로 옥에서 죽은 거로 하면 감사의 입장이 곤란할 테니 말일세."

맹륜이 그 말을 듣고 깜짝 놀라서 머리가 쭈뼛 서는 것 같았다.

설마 죽은 사람 목을 벨 것이라고는 생각도 못 했던 터였다.

"그러면 시신은 어디 있습니까?"

"일단 혜민서에 옮겨 놓았네."

맹륜은 갑자기 마음이 급해져서 서진에게 잠시 뒷간을 간다고 하고 곧바로 연수와 문경댁이 묵고 있는 숙소로 가서 사실을 알렸다.

"큰일 났구려. 어떡하면 좋겠소? 내일이면 깨어날 것인데, 모레 참형을 한다고 하니. 그 전에 무슨 수를 써야 할 거 아니요?"

문경댁이 난처한 표정으로 입술을 깨물었다.

"한 가지 방법밖엔 없습니다. 오늘 밤 안으로 구해 내는 수밖에요."

"오늘 밤에 어찌 구한단 말입니까?"

"심약을 어떻게든 설득해서 혜민서 밖으로 옮겨야지요."

"설득되겠소? 잘못되면 조카님도 목숨을 부지하기 어려울 텐데."

"그래도 해 봐야지요."

맹륜이 담담한 표정으로 말을 던졌다.

그 길로 맹륜이 다시 주막에 있는 서진을 찾았다.

"아우님, 왜 이리 오래 걸렸는가? 자 한 잔 받으시게."

"저기, 형님. 드릴 말씀이 있사온데⋯⋯."

"아니, 이 사람. 갑자기 정색하고? 무슨 일 있나?"

맹륜은 잠시 머뭇거리다가 자신이 동학교도이며 수운이 자신의 스승인 것을 다 털어놓았다.

"속여서 죄송합니다. 하지만, 요 며칠 형님을 알게 되어 얼마나 반갑고 좋은지요. 물론 처음엔 목적이 있어 형님께 접근했지만, 며칠 지내면서 형님의 사람됨에 진심으로 반했습니다. 제발 좀 도와주십시오. 아시지 않습니까? 우리 스승님이 무고하다는 사실을요."

"……."

서진은 한동안 말없이 술잔을 연거푸 들이켜더니 입을 열었다.

"고얀 놈!"

서진이 주먹으로 탁자를 내리치며 내뱉었다.

"죄송합니다."

맹륜이 일이 틀어졌구나 하고 있는데, 서진이 숨을 크게 한 번 내쉬고는 다시 입을 열었다.

"실은 나도 옥에서 자네 선생을 몇 번 치료한 적이 있었는데 범상치 않은 분이라는 걸 느꼈네. 심하게 고문을 당해 살이 문드러지고 피고름이 흐르는데도 비명 한 번 안 지르고 의연한 자세를 유지하고 있더군. 난 동학이 뭔지는 잘 모르지만, 얼핏 듣기로는 평등한 세상을 만드는 그런 거라고 들었네만."

"맞습니다. 형님, 누구도 차별받지 않고 모두가 하늘님으로 존중받는 세상을 만드는 것이 바로 동학의 참뜻이지요."

"그래?"

심약 이서진은 원래 서자 출신으로 잡가에 급제해 의원이 되었지만, 신분의 제한으로 어의가 되지는 못한 인물이었다. 기울어 가는 조선의 실상을 보면서 술로 울분을 달래는 자신의 처지도 왠지 수운과 비슷하다 싶어 측은한 마음이 들었다.

"그럼, 내가 뭘 도우면 되겠는가?"

서진이 나직하나 결의에 찬 목소리로 말했다.

"오늘 밤 안으로 꼭 시신을 밖으로 빼내야 합니다. 제가 남문 밖에 수레를 대기시켜 놓겠습니다."

"아닐세, 수레를 갖고 들어가서 모시고 나오는 게 나을 듯하네. 안 들키려면 다른 시신과 바꿔치기를 해야 할 텐데. 마침 이틀 전에 길에서 죽은 시신이 있긴 한데, 그걸로 속일 수 있을지 모르겠구먼."

"수레가 들어오고 나갈 때 검사를 안 합니까?"

"당연히 하지."

"그러면 어쩌지요?"

"쑥으로 덮고 그 위에 약재로 위장을 해 보면 어떨지?"

"좋습니다. 한번 해 보지요."

맹륜이 시장에서 빈 수레를 하나 빌리고 수레꾼으로 변장했다. 혜민서를 들어가려면 남문을 통과해야 하는데, 심약은 급한 환자가 생겼다고 했다. 맹륜은 혜민서의 일꾼이라고 한 다음 들어갔다. 혜민서는 객사 옆에 있었다. 원래 심약은 관내의 진상 약재를 심사하고 감사와 관원, 그리고 군사의 의료를 담당하는 의원이었다. 특히 경상도는 태백산, 소백산, 지리산 등지에서 생산되는 우수한 약재를 수집해서 한양으로 보내는 역할을 맡았다. 이전의 심약들은 감사와 관원들의 진료와 약재를 모아 한양으로 보내는 등의 활동을 주로 할 뿐 직접 서민들을 치료하지는 않았다. 하지만 이서진은 성정이 곧아 옥의 죄수들과, 돈이 없어 치료를 못 받는 빈민들과, 거리에서 연고 없이 쓰러진 자들을 돌보는 역할을 하고 있었다.

혜민서에 들어가니 의생 한 명이 환자를 돌보며 당직을 서고 있었다. 혜민서에는 월령의(빈민이나 죄수들을 치료할 목적으로 파견된 의원) 한 명과 의술을 배우는 의생 세 명이 같이 근무를 하면서 빈민을 구휼하는 활인서의 역할까지 같이 맡고 있었다. 심약이 당직을 서는 의생에게 잠깐 눈을 붙이라고 하고 맹륜과 함께 수운의 옷을 며칠 전에 죽은 부랑인의 옷과 바꿔 입혔다. 그리고 수운을 수레에 싣고 짚과 쑥을 덮은 후 그 위로 다시 약재들을 실었다. 심약이 앞장을 서고 맹륜이 수레를 몰고 남문을 통과하려고 하자 지키던 나장과 나졸들이 막고 물었다.

"나으리, 이 밤에 웬 수레입니까?"

나장이 나서서 물었다.

"귀한 약재를 급히 운반해야 해서 그러네."

"저희는 보고 받은 바 없습니다. 잠시 검문을 해야겠습니다."

나장이 긴 창을 들고 수레를 향했다. 순간 맹륜의 얼굴이 창백해지며 식은땀이 흘렀다.

"이 사람, 왜 그러시나? 귀한 약재라 손상이 되면 안 되네. 임금께 올릴 귀한 약재라네. 이거 얼마 안 되지만 약주나 하시게."

심약이 급하게 잡히는 대로 몇십 냥을 찔러주며 사정을 했다.

"이러시면 안 됩니다. 검문을 엄하게 하라는 명이 있었습니다."

나장이 창을 들어 수레 한가운데를 향해 내리꽂으려 했다. 수운의 가슴 바로 위였다. 나장의 창이 거의 수운의 심장에 닿으려고 하는 순간, 심약이 나장의 손을 잡으며 급히 손에 끼고 있던 금반지를 빼 쥐어 주며 귓속말로 속삭였다.

"내일 아침에 큰 거래가 있네. 내 나중에 더 크게 갚음세."

나장이 잠시 망설이더니 크게 소리쳤다.

"문을 열어라!"

맹륜이 가슴을 쓸어내리며 수레를 힘껏 밀었다. 땀이 식으며 성밖 공기가 차갑게 느껴졌다.

[8] 수운이 득도 후 데리고 있던 여종 둘을 해방해 한 사람은 수양딸로 삼고, 한 사람은 며느리로 삼았는데, 그 수양딸과 결혼한 이가 정울산이다. 이후 수운을 아버지처럼 지극히 모셨다.

[9] 수운의 큰조카. 세조(世祚)라고도 불렀다. 수운과 세 살 차이로 동네에서 같이 자랐으므로 남다른 정이 있었던 것 같다. 수운의 득도 체험이 있던 4월 5일이 바로 맹륜의 생일로 맹륜은 옷까지 보내서 자신의 생일잔치에 수운을 초대했다.

3

재회

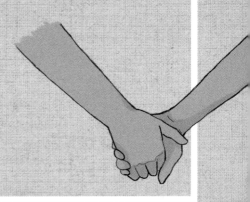

눈을 떴다. 몸이 물에 젖은 솜이불처럼 무겁게 느껴졌다. 몸을 살짝 비틀기 위해 어깨에 힘을 준 순간 온몸을 관통하는 날카로운 통증이 느껴졌다. 수운은 나직이 신음을 토해 냈다.

'여긴 도대체 어디지? 난 분명 옥에 있었는데.'

고개를 약간 돌리자 누워 있는 방이 눈에 들어왔다. 몇 개의 보따리와 문갑 하나 이외에는 가구랄 것도 없는 작은 방이었다. 창호지로 들어온 햇살에 눈이 부셨다. 얼기설기 울퉁불퉁한 나무를 거칠게 엮은 천장이 그대로 드러나 보였다. 방바닥은 밤새 불을 지폈는지 뜨겁게 달아올라 있었다. 등 뒤로 전해 오는 따뜻한 이 느낌은 실로 얼마만인가. 수운은 눈을 비비며 이불을 젖히고 허리를 세웠다. 아직도 온몸에 묵직한 통증이 전해졌다. 그때 방문이 열리며 한 처자가 봄 냄새를 확 풍기며 들어왔다. 손에는 쟁반이 들려 있었다.

"깨어나셨어요?"

"도대체 여기가 어디요? 처자는 뉘시오?"

"저를 몰라보시겠어요?"

어리둥절하던 수운은 가만히 처자의 얼굴을 들여다보더니 상기된 목소리로 물었다.

"연수?"

"네, 저 연수예요."

연수가 살짝 수줍은 미소를 지었다. 수운은 안도감을 느끼며 말문을 열었다.

"그래, 연수구나. 이젠 어엿한 어른이 다 되었구나. 단박에 못 알아봐 미안하다."

"그럴 만도 하죠. 지난번 아저씨를 뵈었을 때가 열여덟 살인가 그랬으니까. 지금은 스물세 살이나 되었답니다."

"그랬나? 그래, 어머니는 잘 계시고?"

"어제까지 여기 계시다가 오늘 문경으로 가셨어요."

"그래? 여기 같이 계셨단 말이지. 얼굴이나 보고 가시지 않고."

"주막도 너무 오래 비워 둘 수 없다고 가셨어요. 아저씨 살린다고 지난달부터 계속 대구를 왔다 갔다 했거든요."

"그래, 맨날 신세만 지는구나. 네 어머니를 처음 만났을 때 다리를 다쳐서 갔었다. 그때 한 달을 머물면서 신세를 많이 졌었지. 네가 열 살 때쯤 되었을까? 네 어머니랑 의남매를 하기로 했었다."

"알아요."

연수가 수운을 처음 만난 것은 열 살 때였다. 연수는 문경 고갯길에서 주막을 하는 어머니 문경댁을 도와 심부름을 하고 있었다. 문경은 경상도에서 충청도와 한양으로 가는 길목이었으므로 수운은 종종 지날 때마다 이곳에서 묵곤 했다. 한번은 밤길에 고갯길을 넘다가 발목을 접질려 겨우 다리를 끌고 이곳을 찾았다. 거기서 발목이 아물 때까지 한 달을 머물렀다. 그때 노잣돈이 얼마 없어서 거의 무전취식하다시피 했지만, 문경댁은 싫은 소리 한 번 안 하고 수운을 보살폈다. 수운은 다리가 다 나은 뒤에는 나무도 하고 장작도 패고 지붕도 수리하면서 밥값을 했다.

연수가 잠시 그때를 회상하고 있을 때, 수운이 문득 생각난 듯 물었다.

"참 그때 시집간다고 안 했더냐?"

"……."

갑자기 연수의 눈시울이 붉어졌다.

"남편은 어찌 지내는가?"

수운은 영문도 모르고 다시 물었다.

"재작년 마을에 전염병이 돌았을 때, 죽었어요. 저도 죽다가 살아났고요."

"그랬구나. 아이는 없었고?"

"두 살짜리 사내아이가 하나 있었는데 죽었어요."

잠시 어색한 침묵이 흘렀다. 멀리서 새소리가 들렸다. 수운이 쟁반에 담긴 물을 들이켜며 말했다.

"미안하구나."

"다 제 팔자지요. 그때 아저씨가 좀 세게 말렸으면……."

"……."

잠시 또 침묵이 흘렀다.

"그런데 여기는 어디지?"

"청도예요. 대구에서 한 사오십 리 되는 곳이에요. 아저씨를 살리려고 어머니하고 한바탕 난리굿을 벌였지 뭐예요. 그저께 대구에서 간신히 수레에 싣고 여기까지 왔는데, 거의 이틀 만에 깨어나신 거예요."

연수는 지난 몇 달을 떠올리며 잠시 몸서리를 쳤다.

"그랬구나. 그런데 어떻게 빼냈니? 쉬운 일이 아니었을 텐데."

옥에 갇혀 있던 순간을 떠올리자 수운은 갑자기 머리가 깨질 듯 아팠다.

"여러 방법을 찾다가 잠시 맥을 멈추게 하는 약이 있다고 해서 그걸 구했어요. 그걸로 죽은 것처럼 꾸며서 다른 시체랑 바꿔치기한 다음 이리로 모셔 왔지요."

"그랬구나? 돈도 많이 들었을 터인데."

"남편이 남긴 논과 집을 팔아 약을 구하고 심약 어르신을 설득해서 겨우 빼 올 수 있었어요. 그리고 남은 돈 탈탈 털어서 이 집을 마련한 거고요."

연수가 그동안의 자초지종을 다 전했다.

"미안하게 됐구나. 나를 구하느라 전 재산을 다 썼구나."

"……."

"네가 내 목숨을 살렸구나."

"……."

수운은 한참을 말없이 천장을 바라보았다.

"이 사실을 누가 또 알지?"

"양사위 울산과 조카 맹륜, 곽덕원, 그리고 심약 어르신만 아십니다. 사모님과 아드님들은 아직 경주 관아에 잡혀 계셔서 연락할 길이 없고, 다른 접주[10]님들께는 일부러 안 알렸어요."

"그러면 앞으론 죽은 목숨처럼 살아야 한단 말이구나?"

"이미 호패[11]도 다른 사람 이름으로 준비했어요."

연수가 허리춤에서 호패를 꺼내 건넸다. 수운이 호패를 받아 들고 거기에 적힌 이름을 나직하게 불러 보았다.

"장덕명[12]."

수운은 지그시 눈을 감았다. 자신을 사모하는 여인의 도움으로 목숨은 건졌으나 이제는 처자식 앞에도, 제자들 앞에도 나설 수 없는 몸이 되었다.

'무엇을 하며 어떻게 살아야 하나? 전 재산을 다 바쳐서 나를 구한 이 여인은 또 어떻게 해야 하나?'

복잡한 감정이 파도처럼 일렁였다. 창밖엔 이미 어둠이 내려 있었다.

눈부신 햇살이 방안 가득 들어왔다. 새들이 지저귀는 소리에도 봄꽃 향기가 묻어 있었다. 수운은 아침 일찍 일어나 맑은 물 한 그릇을 떠 놓고 하늘에 기도를 올리고 잠시 명상에 잠겼다. 아직 몸은 여기저기 쑤셨지만, 마음은 지극히 평화로웠다. 수천 명의 제자들이 따르던 교단의 큰 스승에서 이제 다시 시골의 평범한 남정네로 돌아왔다. 그런데 이상하게도 마음이 더 편해짐을 느꼈다.

그동안은 보국안민(輔國安民)[13]이라는 큰 꿈을 꾸었었다. 누가 시킨 것도 아닌데 늘 나라 걱정이 앞섰다. 스물한 살부터 십 년간 장사를 핑계로 전국을 주유천하[14]하며 떠돌던 시절에 목격한 백성들의 삶은 차마 눈 뜨고 지켜보기 힘든 광경이 많았다. 그런데도 지방 수령들은 백성의 아픔을 덜어 주기보다는 가혹한 수탈과 착취를 일삼았다. 돈으로 벼슬을 산 자일수록 그 정도는 더 심했다. 그런 모습을 보고 있노라면 가슴에서 분노가 끓어오르고 심장이 마구 방망이질 쳤다. 낫이라도 들고 관아로 쳐들어가 탐욕스러운 수령의 목이라도 겨누고 싶은 마음이 굴뚝처럼 일었다.

게다가 몇 년 전부터는 서양 사람들이 총과 대포와 군함으로 중국을 집어삼키고 있다는 소문이 골짜기마다 파다했다. 곧 조선으로 들이닥칠 거라는 소문도 무성했다. 수운은 바늘 방석에 앉은 것 같았다. 조선의 모습이 마치 천 길 낭떠러지 끝에 있는 듯했고 바람 앞에 꺼져 가는 등잔불 같았다. 그렇지 않아도 절규하고 있는 백성들의 삶은 서양 제국의 군홧발에 다시 한번 짓이겨질 것 같았다.

하지만 수운이 할 수 있는 일은 별로 없었다. 양반이긴 했지만 재가녀[15]의 소생이라 문과 시험을 볼 수 없었다. 무과나 잡과는 볼 수 있었지만, 당시 조선은 문과를 응시해야 높은 관직에 오를 수 있었다. 가난한 시골 선비로서 할 수 있는 일은 별로 없었다. 엎친 데 겹친 격으로 집에 불이 나 세간살이와 아버지로부터 물려받은 책들마저 다 타 버렸다.

막막해진 수운은 무과라도 응시하려고 칼과 활을 들고 일 년여를 준비했지만, 생계가 날로 어려워져 과거 준비에만 매달릴 수가 없었다. 가슴이 타는 듯 답답증이 올라왔다. 결국, 장사라도 하겠다는 핑계로 집을 나왔다. 목돈이 없으니 몇 가지 생필품들을 떼서 장이 서지 않는 시골 구석구석을 다니면서 팔았다. 사실 장사보다는 그것을 구실로 세상 구경을 하고 싶었던 터였다. 눈 밝은 스승을 만나 이 혼란한 세상을 구제할 방도를 얻고 싶었다.

그렇게 돌아본 백성들의 삶은 눈물과 한숨으로 얼룩져 있었다.

물론 그게 다는 아니었다. 조선의 산천과 들녘은 계절마다 눈부시게 아름다웠고 백성들은 비록 가난했지만 인정을 잃지는 않았다. 수운은 가는 곳마다 도움을 받았다. 밥을 얻어먹을 때도 많았고, 날이 저물어도 수운을 그냥 내몰지 않았다. 절간에선 며칠씩 혹은 몇 달씩 묵기도 하였다. 그럴 때면 수운은 불교의 가르침에 관해 묻고 또 물었다. 가끔 산에서 수도하는 사람을 만나면 며칠씩 같이 머물면서 도를 물었다. 허황하게 신통력을 바라거나 그릇된 도를 닦는 사람들이 많았지만 아주 드물게 도를 같이 논할만한 사람을 만나면 십년지기를 만난 듯 시간 가는 줄 모르고 문답을 주고받았다. 그들에게 도교의 단전호흡, 검술과 의술을 배우기도 했다. 하지만 그들 중 누구도 보국안민의 방책을 알려 주진 못했다.

장사를 핑계로 십 년을 떠돌면서 많은 사람을 만났지만 참으로 귀의할만한 스승을 만나지는 못했다. 하긴 만난 모든 사람이 스승이었다고도 할 수 있었다. 그렇게 십 년을 세상 구경을 하고 나니 '그동안 도를 밖에서만 구하려고 했구나.'라는 자각이 들었다. 안을 살피지 않고 바깥으로만 돌았던 자신의 삶을 이제는 돌이켜야겠다는 생각이 들었다. 가족과 떨어져 있었던 세월이 너무 길었다. 그동안 아내와 두 아들은 처가인 울산에서 지내고 있었다. 수운은 일 년에 한 번쯤 들러서 그동안 번 돈을 내놓긴 했지만, 매번 장인 장모 볼 낯이 없었다. 주유천하를 끝낼 때가 되었다. 그렇게 해서 울산으로 내려간 것이 서른한 살이었다. 그새 두 아들, 세정과 세청은 키가 아버지만큼이나 자라 있었다.

막상 처가에서 몇 달을 지내고 보니 처가살이가 녹록지 않았다. 무엇보다 딱히 자신이 할 일이 없다는 것이 제일 불편했다. 괜히 눈칫밥 먹는 것 같아 마음이 편치 않았다. 농사일이라도 거들고 싶었지만, 하인들이 먼저 손사래를 쳤다. 처가는 울산에서 꽤 이름 있는 가문이었다. 수운은 이미 신분 의식을 버린 지 오래되었지만, 세상의 법도는 아직도 엄격했다. 할 수 없이 수운은 공부 핑계를 대고 처가에서 멀지 않은 여시바윗골이라는 골짜기 아래 조그마한 초가를 얻어서 따로 기거하게 되었다. 작은 초가였지만 한 몸 누이기에 충분했고 앞에 약간의 텃밭도 있어 그런대로 채소를 기를 만했다.

수운은 비로소 안심이 되고 큰 숨이 쉬어지는 것 같았다. 이제 마음껏 수도에 정진할 수 있게 되었다. 그동안 전국을 돌아다니면서 배운 호흡 수련이나 검술 등을 익혔다. 읽고 싶었던 서적들을 온종일 탐독하기도 했다. 유교 경전뿐만 아니라 도교 경전과 불경도 닥치는 대로 읽었다. 그중엔 천주학 서적도 있었다. 호기심에 한두 차례 천주학 비밀 모임에 나가보기도 했다.

그렇게 세월이 흘러 이듬해 봄(1855년 을묘년)이 되었다. 따뜻한 봄날 마루에서 책을 보다가 잠시 눈을 감고 사색에 잠겼는데 어떤 스님이 찾아와서 책을 한 권 주고 갔다. 살펴보니 지금까지 못 본 책이었다. 며칠 동안을 여러 번 읽었는데 그중에서 '사십구일을 하늘에 기도하라'라는 구절이 강렬하게 와닿았다. 한번 해 보고 싶은 생각이 간절해졌다. 그동안 호흡 수련이나 참선은 해 봤지만, 하늘에 기도한다는 생각은 하지 못했었다. 정말 하늘님이 계신지 알고 싶은 생각이 굴뚝처럼 솟았다. 그래서 그 후로 향을 피우며 하늘에 기도를 올리기 시작했다. 기도하며 오로지 '보국안민'의 가르침이 내리기를 청했다.

그렇게 또 한 해를 보내고 삼십삼 세가 된 봄에 양산 천성산 아래의 내원암이 기도처로 좋다는 말을 듣고 그 길로 내원암에 방을 하나 빌려서 49일 기도를 시작했다. 기도할수록 정신이 집중되고 마음은 고요해졌으나, 한편으론 뭔가 막혀서 뚫리지 않고 답답한 마음이 더욱 차오르기도 했다. 그러다가 47일째 아침 기도를 하는데 경주에 계신 숙부가 돌아가셨다는 느낌이 들었다. 기도를 마치지 못하고 내려와 경주에 가 보니 정말로 숙부가 돌아가셨다. 신통한 일이었다.

상을 마치고 돌아와 일 년간 집에서 상복을 입고 지내다가 못 마친 49일 기도를 다시 하고 싶은 생각이 들었다. 이번에는 내원암 근처에 원효 스님이 수도했다는 적멸굴이란 동굴이 있다는 말을 듣고 거기서 기도를 하기로 작정했다.

적멸굴은 천성산 중턱 큰 바위 아래에 있는 자연 동굴로 칠팔 명 정도는 앉아서 기거할 수 있을 정도로 넓었고 안에 작은 샘이 있어 수도하는 사람에겐 안성맞춤의 장소였다. 마침 7월이고 해서 춥지도 않고 지내기가 나쁘지 않았다. 새벽에는 청명하게 지저귀는 새소리를 들으며 깊은 명상에 잠겼고, 낮에는 하늘님의 가르침을 청하며 수도 없이 절을 했다. 무엇보다 바위 위에 앉아 있는 시간이 너무 좋았다. 어디선가 선선한 바람이 불어오면 흘린 땀이 식고, 그 바람에 실려 온 꽃향기가 코끝을 간지럽혔다. 저녁노을이 질 무렵에는 붉은 해가 가슴을 물들이며 묘한 감정을 자아내기도 했다. 때로 깊은 슬픔과 회한 같은 것이 밀려오기도 했다. 그러다가 밤이 되면 달려드는 모기 때문에 시달리다가 밀려오는 졸음에 쓰러져 잠들기가 일쑤였다.

49일이 끝나갈 무렵 마음은 더없이 평화로워지고 더는 회한 같은 것이 남아 있지 않았다. 지는 해를 바라보아도 조용히 입가에 미소를 띠며 편안하게 하루를 마무리할 수 있었다. 그러나 여전히 보국안민의 계책은 알 수가 없었다. 하늘은 아무 대답이 없었다. 마음은 더없이 평화롭고 몸도 편안해졌지만 나라와 백성을 향한 뜨거운 마음은 식지 않았다. 오히려 답답함만 더욱 심해졌다.

수운이 한없이 회상에 잠겨 있을 때 방문이 열리면서 연수의 맑고 고운 목소리가 들렸다.

"뭐 하고 계셨는지요?"

"잠시 수련하고 있었소."

"아침진지 드세요."

연수가 밥상을 내려놓으려 하자 수운이 황급히 일어나 상을 받아 내렸다.

"고맙소."

수운은 어느덧 연수에게 존대하고 있었다. 자기도 모르게 그렇게 나왔다. 이제는 옛날 주막집의 앳된 소녀가 아니었다. 연수가 차린 밥상엔 봄 향기가 그득했다. 냉이를 넣어 끓인 된장국과 봄나물들은 윤기와 향기가 넘쳤다. 수운은 군침을 삼키며 한 그릇을 후딱 비웠다. 오랜만에 너무도 맛난 아침을 먹었다.

[10] 동학(東學)의 교단(敎團) 조직인 접(接)의 책임자를 이르던 말.

[11] 조선 시대 16세 이상의 남자에게 발급한 패. 오늘날의 주민등록증과 같은 일종의 신분증이다.

[12] 덕명(德明)이란 이름은 '덕을 밝힌다'라는 뜻으로, 수운이 《동경대전》에서 "덕을 오직 밝히는 것이 도"라고 한 데서 따온 것이다.

[13] 기울어져 가는 나라를 바로잡고 백성들을 편안하게 함.

[14] 천하를 돌아다닌다는 뜻으로, 세상을 공부하고 스승을 찾기 위해 천하를 떠도는 것을 말한다.

[15] 한번 결혼했던 여자. 수운의 어머니는 한번 혼인을 했으나 남편을 사별하고 혼자 살다가 수운의 아버지 근암공과 다시 혼인해서 수운을 낳았다.

4
—
회상

사월이 왔다. 수운과 연수가 자리 잡은 수야골은 온갖 꽃으로 화사하게 물들었다. 집 마당에는 매발톱꽃과 조팝꽃이 흐드러지게 피었고, 사립문 앞에는 철쭉과 영산홍이 보는 이의 가슴을 설레게 했다. 오두막 뒤로 난 산길을 조금만 오르면 병꽃과 둥굴레꽃이 은은하게 향을 풍기며 반겼다.

작은 집이긴 해도 사랑채와 안방이 따로 있어 두 사람은 밥을 먹을 때 외에는 떨어져 지냈다. 수운은 우선 몸을 회복하는 데 주력하면서도 지붕을 고치는 등 집안 여기저기를 손보았다. 남는 나무로 밥상도 만들고, 부엌에 선반도 달았다. 마당에는 작은 평상을 만들고, 집 뒤의 작은 땅에 텃밭도 일구었다. 거기에 상추와 고추, 호박과 감자 등을 심었다. 그리고 마당에 감나무와 살구나무를 심고, 울타리 가에는 꽃나무를 심었다.

수운은 작은 물건 하나도 소중하게 대했다. 집 안 구석구석의 먼지를 닦고 낡은 물건들도 잘 닦아서 제자리에 정돈했다. 그렇게 하고 나니 허름했던 집이 반짝반짝 윤이 났다. 집은 작았지만 소탈한 가운데 뭔지 모를 품격이 느껴졌다. 될 수 있는 대로 연수의 손에 물이 묻지 않도록 집안일의 많은 부분을 거들었다. 청소도 도맡아서 하고 아궁이에 불도 때고, 설거지도 했다.

다만 아직 연수를 여자로서 받아들일 수는 없었다. 연수가 원하는 것이 무엇인지를 모르는 바는 아니었지만, 조카 같은 사람이었다. 언감생심(焉敢生心, 감히 바랄 수 없음)이었다. 게다가 아직 처자식의 생사도 모르는 터였다. 물론 이미 세상에 나설 수도 없는 몸이라 흠 될 일이 아니라 하더라도 마음이 그렇지 않았다. 생사라도 확인할 수 있으면 좋으련만 어떻게 수소문할 방도가 없었다. 그렇다고 직접 경주에 가 볼 수도 없었다. 또 같이 잡혀 있던 제자들은 어떻게 되었는지, 그 생각만 하면 마음이 답답해졌다.

연수는 수운과 같이 지내는 것만으로도 꿈만 같았다. 하지만 자기의 마음을 모르는 것 같아 괜히 야속한 생각이 들기도 했다. 수운의 마음이 헤아려지지 않는 것은 아니었다. 가슴이 움직이지 않으면 손가락 하나 까딱하지 않는 사람이라는 걸 연수는 너무나 잘 알고 있었다. 안타깝긴 하지만 묵묵히 기다릴 수밖에 없었다. 연수가 할 수 있는 건 사람을 시켜 박 씨 사모님과 세정, 세청이 소식이라도 전하는 길밖에 없다는 생각이 들었다. 그래서 어렵게 수소문했다. 소식은 더 떴다. 산의 녹음이 짙어지고 풀벌레 소리가 커질 무렵 마침내 소식이 왔다. 전해 온 내용은 박 씨 사모님과 아들들이 수운의 처형 후에 바로 풀려나 조카 맹륜 등이 미리 염을 해 둔 시신을 인도받아 임시 매장을 하고 울진 쪽으로 거처를 옮겼다는 소식이었다.

"그래요? 살아 있었구먼. 소식을 알려 줘서 고맙소."

그 소식을 전해 들은 수운은 적잖이 안심하는 기색이었다. 다만 몇몇 제자들이 멀리 섬으로 유배를 가는 등 큰 희생을 치렀다는 소식에는 잠시 눈물을 흘리기도 했다. 수운은 그날로 가족의 안녕과 유배간 제자들을 위해 49일 기도를 올렸다.

그렇게 가을이 왔다. 연수의 마음을 더는 모른 체할 수는 없는 노릇이었다. 어느 순간부터 수운의 가슴에도 꽃씨가 피어나듯 조금씩 야릇한 감정이 싹트기 시작했다. 그 감정이 꽃망울이 터지듯 연모의 감정으로 피어날 무렵 수운은 자신의 감정을 정성스럽게 편지에 담고, 장터에 나가 예쁜 은반지를 하나 사서 연수에게 정식으로 청혼했다. 두 사람은 시월 대보름 달 밝은 밤에 맑은 물 한 그릇으로 부부의 예를 올렸다.

다음 날 아침 수운은 연수와 함께 아침의 신선한 바람과 꽃향기를 맡으며 뒷산에 올랐다. 연수를 잡은 손이 따스했다. 연수는 한 손으론 덕명의 손을 꼭 잡고 다른 한 손으론 스치는 모든 꽃을 어루만졌다. 만나는 모든 꽃마다 인사를 나누는 연수를 덕명은 사랑스러운 눈으로 바라보았다.

"근데 여보, 그 이야기 좀 해 줘요. 4월이라고 하지 않았어요? 하늘님의 음성을 들었다는 그때 말이에요."

꽃을 보던 연수가 갑자기 물었다.

"아, 지난 경신년(1860년) 4월의 체험 말이오?"

"네, 정말 하늘님 목소리를 들으신 거예요?"

"그랬지요. 당신도 알다시피 그때 양산 적멸굴에서 49일 기도를 마치고 내려와 시작한 철점이 쫄딱 망하고 길가에 나앉게 되지 않았 겠소. 그래서 할 수 없이 다시 경주 용담으로 들어갈 수밖에 없었지. 그때의 심정이 딱 이랬다오."

구미용담 찾아오니 흐르나니 물소리요
높으나니 산이로세 좌우산천 둘러보니
산수는 의구하고 초목은 함정하니
불효한 이내마음 그아니 슬플소냐
오작은 날아들어 조롱을 하는듯고
송백은 울울하여 청절을 지켜내니
불효한 이내마음 비감회심 절로난다[16]

덕명이 당시 지은 시를 읊는데 처량했던 그때의 마음이 그대로 전해졌다.

"정말 처절한 시네요. 슬퍼서 눈물이 다 나려고 해요. 그렇게 비통한 심정이셨군요. 까마귀 까치가 우는 것조차 조롱으로 느껴지셨다니."

"그래요. 마치 벼랑 끝에 선 것 같았어요. 그때가 음력 11월이었어요. 설날이 얼마 남지 않은 때였으니 춥기는 얼마나 춥던지. 하지만 그랬기 때문에 더 절박한 심정으로 수도에 매달릴 수 있었던 것 같소. 매일같이 하늘에 기도하고 절을 수천 번씩 했으니까."

"옆에 가족들이 있었을 텐데, 집에서 그렇게 하셨단 말씀이세요?"

"도라는 것이 꼭 가족을 떠나 산속 깊이 들어간다고 되는 게 아니라는 생각이 들었소. 가족과 함께 일상생활을 함께 하는 것이 진짜라는 생각이 들었지."

"그럼 하늘님 목소리를 들은 건 이듬해 사월이었나요?"

"용담에 들어갈 때 이제 도를 통하지 못하면 다시는 세상에 나가지 않을 결심을 했어요. 그렇게 마음을 다지고 더욱 치열하게 수도를 하는데, 4월 5일이 되었어요. 그날은 조카 맹륜의 생일이었는데, 조카가 꼭 오라고 옷까지 보내와서 할 수 없이 갔어요. 그런데 점심을 먹기가 무섭게 몸이 떨리고 가슴이 서늘해지면서 이상한 느낌이 들었소. 먼저 간다고 하고 집 마당에 들어서자마자 밖에서 엄청난 기운이 들어와 몸이 자빠졌다 솟았다 주체할 수가 없었소."

"밖에서 기운이 들어와 누가 흔드는 것처럼 떨리셨단 말이에요?"

연수가 신기한 듯 눈이 동그래져서 물었다.

"그래요, 그리고 나서 얼마 안 있어 공중에서 소리가 들렸어요."

"공중에서요?"

"그래요. 분명히 공중에서 들렸고 둘러보니 아무도 없었지. 느낌으론 뭔가 보이는 듯했는데, 유심히 다시 보면 아무것도 보이진 않고 목소리만 들렸어요."

"신기한 일이네요. 무슨 말씀이 들렸나요?"

"'두려워하지 말고 두려워하지 말라. 세상 사람들이 나를 상제라 부르거늘 너는 상제를 알지 못하느냐?[17]'라는 소리였어요.

"어머, 말씀만 들어도 무서워요. 그리고는요?"

"내가 어리둥절해서 '이 어찌 된 일입니까?'라고 물었더니 또 말씀이 내렸어요. '나 또한 공(功)이 없으므로[18] 너를 세상에 내어 사람에게 이 법을 가르치게 하니 의심하지 말고 의심하지 말라.' 그래서 나도 모르게 또 물었어요. '그러면 서도(西道)[19]로써 사람을 가르치리까?' 그랬더니 대답하시기를 그렇지 아니하다. 나에게 영부[20]가 있으니 그 이름은 선약[21]이요 그 형상은 태극이요 또 궁궁이니, 나의 영부를 받아 사람을 질병에서 건지고 나의 주문을 받아 사람을 가르쳐서 나를 위하게 하면 너도 또한 장생[22]하여 덕을 천하에 펴리라.[23]'라는 말씀이 내렸어요. 그 말씀을 듣는데 왠지 모르게 마음이 시원해지면서 그동안 찾던 답을 마침내 얻은 것 같았지."

덕명이 그때를 생각하면서 입가에 미소를 지었다.

"영부와 주문을 해답으로 내리신 거군요. 그런데 그게 어떤 의미인가요?"

"영부는 백성들의 질병을 고치는 선약으로 주신 거라는 생각이 들었어요. 하늘의 약동하는 기운을 담아 종이에 그리는데 태극의 모양 같기도 하고 활 궁(弓)의 모양 같기도 하다오. 결국, 하늘의 신령스러운 기운과 마음을 상징하는 게 아닌가 싶어요."

덕명이 손바닥에 태극을 그려 주기도 하고 활 궁자를 써 주기도 하면서 친절하게 설명해 주었다.

"영부가 마음을 의미한다는 건가요? 그럼 마음이 어떤 경지에 도달했을 때 나오는 치유의 힘 같은 거로 생각하면 되나요?"

연수의 눈이 반짝였다.

"바로 그거요. 병이 생기는 것도 근본적으로는 마음에서 생기는 것이므로, 결국 병을 고치는 것도 마음을 고쳐서 병을 낫게 한다는 것이오."

"그럼 주문은 어떤 의미인가요?"

"주문은 한마디로 하늘 이치를 압축적으로 스물한 자로 만든 하늘글이에요.[24] 시천주의 이치를 짧은 문구에 담아 반복해서 읊조리게 함으로써 이치도 자연히 깨닫게 하고, 반복해서 외우는 중에 저절로 마음과 기운이 맑아지고 바르게 되는 수도의 방편이에요. 불교의 염불하고 비슷하지요."

"짧은 글을 반복해서 외운다고 마음이 맑아지나요?"

"수도의 핵심은 나를 비우는 데 있어요. 그런데 나를 비우는 게 쉽지 않잖아요? 아무리 생각을 없애려고 해도 더 생각이 일어나게 마련이지요. 그래서 그 방편으로 짧은 음절을 반복하게 하는 거요. 그렇게 주문을 계속하게 되면 저절로 의식과 호흡이 고르게 되고, 가슴이 열리면서 몸과 마음에 변화가 일어나게 되지요."

"주문을 외우다 보면 마음이 자연스럽게 비워진다는 거군요?"

연수가 가슴에 손을 얹으며 다시 물었다.

"중요한 것은 나를 온전히 내려놓을 때 하늘의 마음을 회복할 수 있고, 또 하늘의 기운을 받을 수 있다는 거예요."

"알겠어요. 하늘님의 문답은 그걸로 끝이었나요?"

"아니요. 그 이후로 한 6개월간 계속되었어요. 그리고 9월 하순 정도에 마지막 가르침이 내렸어요."

"그럼 9월에 최종적인 가르침을 받으신 거네요? 어떤 가르침이었나요?"

"그때 하늘님의 마지막 말씀이 '나의 마음이 곧 너의 마음이니라(吾心卽汝心)[25] 사람으로 어찌 이것을 알리요, 천지는 알되 귀신은 알지 못하였나니 귀신이라 함도 나이니라.[26] 너는 이제 무궁한 도를 받았으니 사람을 가르쳐서 도를 바르게 하고 덕을 세상에 펴서 천하에 빛나게 하라.[27]'고 하셨어요. 이 말을 듣는데 갑자기 정신에 새 기운이 돌고, 마음에 새 생각이 일어나더니 이제껏 공중에서 들리던 하늘님의 말씀이 마음에서 우러난 목소리라는 걸 알게 되었어요. 스스로 묻고 스스로 대답하며, 무궁을 외이고 무궁을 노래하니, 천지와 우주의 모든 생명이 하나같이 그 노래에 화답하는 듯했고, 억천만리 공간이 눈앞에 있고 억천만 년의 시간이 눈앞에 있어, 먼 데도 없고 가까운 데도 없으며 지나간 시간도 없고 오는 시간도 없어, 백 천억 무량수의 시간과 공간이 한 조각 마음속에서 배회함을 보았어요. 가슴 속엔 희열에 벅차올라 이것이 보국안민의 대도라는 것을 확신하게 되었지요.[28]"

"와, 듣기만 해도 감동적인 장면이에요. 결국 하늘님은 밖에 계신 것이 아니라 안에 계셨다는 거네요?"

연수가 손바닥을 가슴에 살며시 대면서 물었다.

"나도 처음엔 하늘님이 바깥에서 말씀을 내리는 것으로만 알았어요. 하지만 체험이 깊어지면서 하늘님은 내 안에 계신다는 것을 알게 되었어요. 그리고 나중엔 내 안에만 계신 게 아니라 다른 모든 사람 속에 계신다는 것을 깨달았소."

"하늘님이 저 하늘 나라에 계신 절대자가 아니군요."

"그래요. 결국, 내가 깨달은 것을 한 마디로 압축하면 '시천주[29]'

라고 할 수 있어요. 나는 시천주를 깨달음으로써 우리 안에 신성한 존재가 빛나고 있음을 보았어요. 구름이 걷히면 태양이 본래의 밝음을 드러내듯, 우리 마음의 어두운 구름을 걷어 내면 자연히 하늘의 신성을, 거룩한 영을 만날 수 있어요. 그리고 누구나 거룩한 하늘님을 모시고 있으므로 모든 사람은 존귀한 존재이고 또한 평등한 것이지요."

"그렇군요. 결국, 시천주는 모든 사람의 내면에 하늘님을 모시고 있으므로 양반이든 평민이든 천민이든 똑같이 존중해야 한다는 거네요? 우리 같은 평민들은 늘 차별받으면서 살았는데 모두가 시천주를 알게 되면 그럴 일이 없겠군요?"

"그래요. 내가 그걸 깨닫고 나서 제일 먼저 한 것이 여종 둘을 해방한 것이었어요. 한 아이는 수양딸로 삼고, 또 한 아이는 며느리로 삼았지."

"대단하셔요. 수양딸로 삼은 것은 그렇다 치더라도 며느리로 삼은 것은 참으로 쉬운 일이 아니었을 텐데요."

연수는 새삼 덕명이 커 보였다.

"귀천이 어디 있겠어요. 자기 안의 신성한 하늘을 발견한 사람이야말로 진정 고귀한 존재이지."

문답을 주고받는 사이 두 사람은 어느덧 산 정상에 다다랐다. 구름 한 점 없는 하늘은 더없이 청명했다. 두 사람 내면의 하늘도 밝게 빛나고 있었다.

[16] 《용담유사》, 「용담가」.

[17] 《동경대전》, 「포덕문」.

[18] 하늘님이 자신을 노이무공, 즉 노력은 했지만, 결과가 없었다고 고백하는 장면이다. 여기서 볼 때 동학의 하늘님은 전지전능한 절대자, 창조주라기보다는 인간과 공동으로 우주와 역사를 생성해 가는 존재, 즉 인간을 통해 일하는 존재이다.

[19] 서양의 도, 즉 천주교를 가리킨다.

[20] 하늘의 기운이 그림으로 내린 신령스러운 부호. 모양이 궁(弓), 또는 을(乙)을 닮았다고 했다. 오늘날의 파동과 비슷한 형상이다. 하늘의 기운을 표시한 것이기도 하고, 마음을 표현한 것으로 해석하기도 한다.

[21] 신선의 약. 죽지 않는 불사약(不死藥)을 의미한다.

[22] 오래 산다는 뜻.

[23] 《동경대전》, 「포덕문」

[24] 수운이 하늘로부터 받은 글로 21자로 되어 있다. '지기금지원위대강 시천주조화정 영세불망만사지(至氣今至願爲大降 侍天主造化定 永世不忘萬事知)'가 그것이다. 뜻은 "지극한 하늘 기운 지금 여기 크게 내리소서. 하늘님을 모시면 조화가 자리 잡고 영원토록 잊지 않으면 만사가 다 깨달아지리라."라는 뜻이다. 동학의 핵심적인 가르침을 21자에 압축한 것이다.

[25] 내 마음이 곧 네 마음이란 뜻으로 하늘의 마음과 수운의 마음이 하나가 되었다는 뜻. 나아가 본래 하늘과 인간이 하나의 마음이란 뜻으로 해석하기도 한다.

[26] '귀신이라고 하는 것도 나다'라는 뜻이다. '오심즉여심'과 함께 수운에게 내린 하늘님의 최종적인 가르침이다. 여기서 '귀신'은 영혼, 개체영을 의미한다기보다 우주를 운행하는 기운 작용으로서의 음양(陰陽) 작용을 가리킨다. 즉 우주를 운행하고 만물을 화생시키는 작용의 주체가 바로 하늘님이라는 뜻이다. 다시 말하면 우주의 기운이 곧 하늘님이라는 것이다. 그러므로 우리의 손발이 움직일 수 있는 것도, '외유기화'로서 하늘님의 기운작용이 있기 때문이다. 동학의 하늘님은 저기 초월적으로 계시지 않고 우주에 가득 찬 기운이며, 나의 안팎에서 작용하는 생명 에너지이자 거룩한 영이라는 의미이다.

[27] 《동경대전》, 「논학문」.

[28] 이 부분은 이돈화, 《천도교창건사》, (서울: 경인문화사, 1970년, 15~16쪽)에서 인용함.

[29] 수운은 시천주(侍天主)의 '시(侍)' 자를 스스로 풀이하면서, "내유신령(內有神靈), 외유기화(外有氣化), 각지불이(各知不移)"로 풀이하고 있다. 내유신령(內有神靈)은 '안으로 하늘의 거룩한 영을 모시고 있다는 의미이고, 외유기화(外有氣化)는 밖으로 하늘의 지극한 기운을 모시고 있다는 의미이다. 또 각지불이(各知不移)는 옮길 수 없는 자기만의 독특성을 각자가 깨달아 실현해야 한다는 의미이다.

5
—
생명

두 번 봄이 왔다 가고 다시 가을이 왔다. 온갖 꽃으로 화사하던 산은 연둣빛을 머금더니 이내 짙은 초록의 녹음을 더해 가고 있었다. 잠자리가 높이 날고 매미 소리가 우렁차던 여름도 지나고 하늘이 높아지고 감나무에 감이 무르익어 갈 무렵, 연수의 몸에 태기가 있었다. 덕명이 진맥을 해 보니 아기를 가진 것이 확실했다. 연수가 뛸 듯이 기뻐했다.

"정말 아기가 배 속에서 자라고 있는 거예요?"

연수의 눈이 반짝였다.

"그래요. 생명의 탄생은 신비 중의 신비지요. 그래서 말인데 이제부터 몸가짐, 마음가짐 하나하나에 주의를 기울여야 하오."

"태교를 말씀하시는 건가요?"

"태교라기보다는 정성을 다해서 아기 하늘님을 모시는 거예요. 시천주의 하늘 모심을 가장 직접 체험해 볼 수 있는 순간이 바로 아기를 뱃속에서 기르는 때지요."

"그렇군요. 하늘님이 따로 계신 게 아니라, 내 안의 생명이 바로 하늘님이군요. 그리고 보면 여자들은 복이 많은 거네요. 하늘님 모시는 걸 직접 체험해 볼 수 있으니."

"맞아요. 그래서 모든 어머니는 위대한 것이오."

덕명이 연수의 눈을 사랑스럽게 바라보며 말했다.

"아! 그렇군요. 여자로 태어난 것에 자부심이 느껴지는군요. 그럼 조금 구체적으로 말씀해 주세요. 어떤 것을 주의해야 하는지, 꼭 명심해야 하는 것은 무엇인지?"

"우선 음식을 가려 먹는 것이 가장 중요해요. 생명을 기르는 가장 직접적인 요소가 음식이니까 좋은 음식을 먹어야 하는 건 당연하지 않겠어요? 다 같은 음식이라고 생각할지 모르지만, 음식에도 기운이 맑은 것이 있고 탁한 것이 있어요. 또한, 정성껏 재배한 것이 있고 그렇지 못한 것이 있지요. 조리하는 과정에서도 정성이 들어간 음식이 있고 그렇지 못한 음식이 있지 않겠어요? 그러니 될 수 있는 대로 기운이 맑은 음식, 재배와 조리 과정에서 정성이 깃든 음식을 먹어야 해요."

"기운이 맑은 음식을 먹어야 한다는 거죠? 알겠어요. 그런데 어떤 것이 기운이 맑은 음식인가요?"

"일단 생선과 고기는 기운이 탁한 음식이니 피해야 해요. 될 수 있는 대로 오곡과 직접 기른 신선한 채소, 그리고 산에서 캔 나물 위주로 먹어야 해요. 고기와 생선은 당장 몸에 힘을 나게 하지만, 기운을 탁하게 하므로 그런 음식을 많이 먹고 아이를 낳으면 그 아이의 기운이 탁할 수 있으니 조심해야 해요."

"생선과 고기도 먹으면 안 된다고요? 보통은 아기를 가지면 잉어 같은 걸 고아 먹으면 좋다고 하잖아요?"

"보통은 그렇지요. 물론 생선이나 고기를 먹으면 몸이 자라는 데는 도움이 되겠지요. 하지만 인간은 몸으로만 이루어진 게 아니라 마음과 정신도 있어요. 마음과 정신은 배 속에 있을 때 엄마가 어떤 생각을 하느냐, 어떤 감정 상태에 있느냐, 그리고 어떤 기운이 담긴 음식을 먹느냐에 따라 결정돼요."

"그런 이치라면 음식도 음식이지만 어떤 생각을 주로 하느냐, 어떤 감정 상태에 있느냐가 더 중요할 수도 있겠네요."

"맞아요. 아무리 기운이 맑은 음식을 먹더라도 감정이 편안치 못하거나, 생각이 어수선하면 그대로 아이에게 전달이 되겠지요."

"그렇군요. 고기를 먹더라도 마음이 편한 게 차라리 나을 수도 있겠군요. 먹는 걸 아무리 조심해도 화를 내거나 짜증을 내거나 누군가에게 미움과 원망의 마음이 있다면 그게 더 큰 일이겠군요."

"바로 그거요. 물론 고기까지 먹지 않으면 더 좋지만 말이요. 몸의 기운에 대해 좀 더 덧붙이자면 음식 외에도 몸가짐이 중요해요. 엄마 몸의 기운과 감정이 곧바로 아기에게 전달되기 때문이에요. 그러므로 몸의 기운이 흐트러지지 않게 노력해야 해요.

"태교에서 기운과 감정이 중요하다는 건 알겠어요. 그럼, 생각은 어떻게 해야 하는 거예요? 생각은 내 마음대로 되지가 않아서. 잠시라도 가만있지 않고 나도 모르게 별별 생각을 다 하다가, '내가 왜 이런 생각을 하고 있지? 내가 미쳤나 봐' 하기도 하고, 그러다가도 또 금방 엄마 생각이 나서 울기도 하고, '내가 아기를 잘 낳아서 키울 수 있을까?' 걱정도 됐다가, 생각은 참 종잡을 수 없는 것 같아요."

"맞아요. 생각은 참 천방지축이에요. 생각이 곧 나인 것 같은데 잘 헤아려보면 꼭 그렇지도 않아요. 나라는 존재는 몸으로만 된 것도 아니고, 감정만으로 된 것도 아니고 생각 그 자체도 아니에요. 이러한 요소들이 모여서 나를 형성하는 거지요. 생각이 곧 내가 아니므로 나를 생각으로부터 분리해서 그 생각을 바라볼 수 있어야 해요. 그래야 생각의 주인이 될 수 있고 그 생각을 창조적으로 활용할 수 있어요. 생각과 분리하지 못하면 그 생각은 나를 과거로 퇴행시키는 힘으로 작용해요. 하지만 생각의 주인이 되면 그 생각을 통해 자신의 삶을 창조적으로 기획할 수 있어요."

"생각이 곧 '나'가 아니라는 건가요?"

"그래요. 내 안에 더 근원적인 '나'가 있어요. 그것을 '참나'라고도 부르고, '성품'이라고도 부르고, '거룩한 영'이라고도 하지요. 그리고 그 '참나'가 곧 '하늘님'이라고 할 수 있어요."

"내가 곧 하늘(인내천, 人乃天)이네요. 그런데 생각의 주인이 되면

5 생양

자신의 삶을 창조적으로 기획할 수 있다는 말씀은 뭔가요?"

"생각의 주인이 된다는 것은 말을 타는 것과 비슷해요. 처음에는 말에 끌려다니다가 말고삐를 제대로 잡고 말의 주인이 되면 자기가 원하는 대로 말이 움직이겠지요? 그러므로 생각의 주인이 되어 그 생각을 활용할 수 있게 되면 그것이 현실화하는 힘이 세져요. 예를 들어 내가 어떤 삶을 살고 싶은가, 나는 어떤 배우자를 만나고 싶은가, 나는 어떤 아이를 가지고 싶은가에 대한 생각이 구체적이고 뚜렷할수록 그런 일이 현실화할 가능성이 커진다는 이야기예요."

"재미있는 이야기군요. 알 듯 말 듯 하지만, 감정과 생각이 곧 내가 아니고, 나는 그 감정과 생각의 주인이라는 거지요? 그러면 태교에서도 나의 아이가 어떤 아이였으면 좋겠다는 생각을 구체적으로 하라는 거지요?"

"바로 그거요."

"그것마저도 그 애에게 맡길래요. 그 애가 온전히 자기 삶의 주인이 되어 살았으면 좋겠어요."

"그래요. 그것마저도 아이에게 맡깁시다. 오늘 많은 얘기를 했지만, 사실 태교만 해당하는 이야기는 아니에요. 내 안의 하늘을 어떻게 모셔야 하는가에 관한 이야기예요. 바로 '시천주'의 방법을 말한 거지요. 그 방법은 막연한 것이 아니라 바로 내 몸의 기운과 마음, 그리고 생각을 바로 하는 데 있어요. 몸과 마음을 잘 다스릴 수 있을 때

비로소 참된 실천도 가능한 거지요. 그러므로 아기를 가졌을 때야말로 시천주를 체험할 수 있는 가장 좋은 시간이에요. 나도 열심히 도울 테니 한번 힘껏 노력해 봅시다."

"알겠어요. 말씀을 들으니 이제 어떻게 해야 할지 조금 알겠어요. 고마워요."

두 사람은 손을 꼭 잡고 서로의 눈동자에 비친 상대방의 얼굴을 바라보며 미소 지었다. 눈동자 속의 얼굴에서도 환한 미소가 꽃향기처럼 번졌다.

연수의 배가 불러올수록 덕명은 연수의 마음이 하늘님이라고 생각하고 그 마음이 상하거나 불편하지 않도록 최선을 다했다. 특히 연수의 감정을 세심하게 살피고 그 감정을 어루만져 주었다. 연수가 자기의 배 속 아기를 하늘님으로 모셨다면, 덕명은 연수의 마음을 하늘님으로 모셨다. 그것이 남편의 역할이라고 생각했다. 그리고 부풀어 올라 힘들어하는 배를 자주 문질러 주며, 배 속 아기와 인사를 나누기도 했다. 또한, 집안일을 도맡아 하다시피 했다. 이제 양반으로서의 체면 같은 것은 완전히 벗어던졌다. 부엌에 들어가는 것도 꺼리지 않았고 아궁이 불을 때거나 솥에 물을 붓거나, 찬물에 손을 넣어야 하는 일은 덕명이 먼저 나서서 했다.

마침내 이듬해 여름 연수는 딸을 낳았다. 진통이 시작되고 3일간의 난산 끝에 낳은 아기였다. 아이를 낳느라 힘들었는지 연수는 한동안 자리에서 일어나지 못했다. 덕명은 미역국을 끓이고 밥을 하고, 기저귀를 갈고, 아기 목욕을 시키고, 빨래하고, 청소하는 등 모든 집안일과 산후조리를 직접 했다. 무엇보다도 연수의 몸과 마음이 빨리 회복될 수 있도록 정성을 다했다. 그렇게 무더위가 막바지에 이를 때쯤 연수는 마침내 자리를 털고 일어났다. 그동안 밀린 집안일도 하고 오랜만에 남편을 위해 밥도 지었다. 덕명은 오랜만에 아내가 해 준 밥을 맛있게 먹었다. 연수는 상을 치우고 나서 아기에게 젖을 물리며 덕명에게 물었다.

"여보, 우리 아기 이름은 뭐로 짓지요?"

"설이 어떻소. 날마다 새해의 첫날처럼 맞이한다는 의미에서."

"설, 예쁘네요. 좋아요."

"여보, 그런데 우리가 설이를 잘 키울 수 있을까요? 전 걱정이 많이 되어요."

"너무 걱정하지 말아요. 우리가 키우는 게 아니오. 하늘이 키우시는 거지. 생명도 하늘이 주신 것이고, 키우시는 것도 하늘이 키우시는 거요."

"하늘이 키우시는 거라고요?"

"그래요. 농사의 이치로 생각을 해 봐요. 농작물을 키우는 게 누가 키우는 거요?"

"농부가 키우는 게 아닌가요?"

"그렇게 생각하기가 쉽지요. 하지만 잘 생각해 봐요. 씨앗을 뿌리는 건 농부가 뿌리지만 정작 자라게 하는 건 누가 자라게 하는 거요?"

"아, 무슨 말씀인지 알겠어요. 진짜 자라게 하는 건 하늘의 햇빛과 땅의 영양분과 비와 이슬이지요. 쉽게 말하면 하늘과 땅이 키우는 것이라고 할 수 있겠네요."

"맞아요. 하늘과 땅, 다시 말해 천지가 키우는 거예요. 천지가 부모님과 똑같이 만물을 낳고 기르고 있는 거예요. 그래서 천지가 곧 부모님이고 하늘님이에요. 농부의 역할은 비옥한 땅에 씨앗을 뿌리고 그 씨앗이 햇빛과 물을 충분히 받을 수 있도록 돕는 거예요. 물론 그 역할은 중요해요. 만약에 거친 땅에 씨앗을 뿌리거나, 그늘진 곳에 뿌리거나, 가물어 메말라 가는 데도 물을 주지 않는다면 씨앗이 잘 자랄 수 없을 테니까요."

"알겠어요. 농부의 역할이 중요하지만 결국 생명을 키우는 것은 하늘님이라는 말씀이지요. 마찬가지로 아이를 키우는 것도 역시 그러하다는 말씀을 하시고 싶은 거죠?"

연수의 눈이 반짝이며 말했다.

"하하하, 당신은 하나를 들으면 둘을 아는군요. 맞아요. 아이를 기르는 이치가 농사의 이치와 다를 바 없어요. 내가 깨달은 천도(天道) [30]라는 것이 먼 이야기가 아니라 바로 만물이 화생하는 이치예요.

생명의 원리라고도 할 수 있지요. 물론 부모의 역할은 참으로 중요해요. 스스로 뭔가를 할 수 있을 때까지 정말 지극 정성으로 돌보지 않으면 안 돼요. 정성이 담긴 음식과 사랑으로 말이지요. 하지만 그 아이를 키우는 건 천지라는 걸 분명히 알아야 해요. 그걸 분명히 알면 마음이 좀 가벼워질 거예요."

"말씀을 들으니 마음이 좀 편해지는 것 같아요. 아이가 자라는 건 하늘에 맡기고 그저 정성을 다하면 된다는 이야기지요?"

"맞아요. 배 속에 있을 때도 그 아이가 하늘님이라고 생각하고 잘 모셨듯이, 이 아이가 곧 하늘님이라고 생각하고 잘 모시기만 하면 돼요."

"아이가 하늘님이라는 건 아이를 무조건 존중하라는 건가요? 배 속에 있을 때와는 좀 다르지 않겠어요?"

"아이가 하늘님이라는 건 아이가 이미 있는 그대로 존중받아야 할 온전한 주체라는 의미예요. 모자라고 불완전한 존재가 아니라는 거예요. 아이는 이미 자신 안에 성장에 필요한 씨앗을 온전히 가지고 있어요. 자신만의 타고난 소질과 재능이 활짝 꽃필 수 있는 잠재력을 이미 다 가지고 있어요."

"그러면 아이를 존중한다는 건 그 아이 내면에 있는 그 씨앗이 잘 자라도록 하는 거겠군요!"

연수가 눈을 반짝거리면서 맞장구를 쳤다.

"맞아요. 아이를 존중한다는 건 아이 스스로가 삶의 주인이 되도록 하는 거예요. 구체적으로는 그 아이의 욕구와 감정과 생각을 존중한다는 거예요. 좋은 옷과 음식으로 잘 보살펴더라도 그의 욕구와 감정과 생각을 존중하지 않는다면 그 아이는 제대로 존중받지 못하고 있는 것이에요. 그런 아이가 자기 삶의 주인으로 성장하기는 어렵겠지요."

"그러면 아이의 모든 욕구와 감정, 그리고 생각을 그대로 다 들어줘야 한단 말인가요?"

연수가 다시 물었다.

"아이의 욕구와 감정과 생각을 존중하라는 건, 모든 걸 그대로 들어줘야 한다는 말은 아니에요. 일단 그 아이가 바라는 것이 무엇인지를 귀 기울여서 분명히 알아차리고, 그것을 알고 있다는 것을 확인시켜 줘야 해요. 그 다음에 들어줄 수 있는 건 당연히 들어주고, 그럴 상황이나 형편이 아닐 때는 왜 지금 들어줄 수 없는지를 자상하게 설명해 줘야 해요. 들어줄 수 있는 요구와 들어줄 수 없는 요구를 분명히 구분해 줌으로써 아이는 스스로 판단력을 갖게 되고, 또한 참을성도 갖게 돼요. 모든 걸 다 들어주는 건 아이를 공경하는 게 아니라 망치는 거예요."

"아, 알겠어요. 모든 걸 다 들어주는 게 존중은 아니군요. 오히려 모든 걸 다 들어주면 그 아이는 참을성이 없는 자기밖에 모르는 사람이 될 테니."

"맞아요. 중요한 건 아이를 보호의 대상이나 가르치는 대상이 아니라 온전히 하나의 인격으로 존중하는 거예요. 그래서 대화를 통해 서로의 의견을 조율함으로써 아이 스스로가 결정권을 가지고 자기 삶의 주인으로 우뚝 서게 하는 거예요. 아이 스스로가 성장의 주체라는 것을 분명히 알아야 해요."

"아이가 자기 안에 있는 씨앗을 스스로 발현하도록 말이죠? 아이를 자기의 소유로 생각해서 마음대로 해서는 안 된다는 말씀이시죠?"

"맞아요, 아이를 자기 소유라고 여기며 함부로 하지도 않고, 그렇다고 귀한 자식이라고 '오냐 오냐' 하면서 모든 걸 다 들어주는 것도 아니고, 그 사이에서 부모는 절묘한 균형을 유지해야 하지요."

"결코 쉽지 않겠어요. 엄청난 인내력과 한없는 기다림이 필요하겠네요."

"그래요. 아이를 통해 부모가 성장하는 거지요. 그 아이의 눈으로 다시 세상을 바라보게 됨으로써 예전에 미처 보지 못했던 일상의 작은 것에서도 아름다움을 발견할 수 있으며, 동심의 세계로 돌아갈 수 있는 거지요."

"알겠어요. 두렵기도 하지만 한편으로 이 아이의 눈과 가슴으로 다시 마주하게 될 세상이 기대되네요."

연수는 품에서 잠든 설이의 얼굴을 쳐다보며 옅은 미소를 지었다. 남편의 말에 다 공감하고 그렇게 키워야겠다고 다짐하면서도, 뭔가 가슴이 살짝 아리는 아픔을 느꼈다. 아마도 딸이 평생 평민으로 살면서 감내해야 할 설움과 여자로 사는 것의 어려움이 마음으로 반응한 것이리라. 순간 덕명의 가슴에도 미묘한 떨림이 느껴졌다. 덕명은 조용히 눈을 감았다.

설이는 무럭무럭 자라 여섯 살이 되었다. 그동안 수두를 한번 앓은 것 외에는 별로 아프지도 않고 건강하게 자랐다. 생긴 것이 야무지고 영민했으며 힘도 세고 씩씩했다. 설이는 궁금한 것도 많아 늘 덕명을 귀찮게 했다. 하지만 덕명은 한 번도 성가시게 여기지 않고 성심껏 답변을 해 주었다. 설이는 자주 덕명의 손을 이끌고 동구 밖을 나갔다. 설이는 만나는 꽃과 나비, 새와 강아지들과 인사를 나누느라 걸음이 더디기만 했다. 동구 밖까지 나가는데 십 분이면 될 것을 한 시간이 넘게 걸리곤 했다. 한번은 설이가 발등을 타고 올라온 개미를 눌러 죽이려 하자 덕명이 말리며 말했다.

"설아, 작은 개미도 다 엄마 아빠가 있단다. 그 개미가 죽으면 엄마 아빠 개미가 슬퍼하겠지?"

"개미도 가족이 있는 거예요?"

"그럼, 설이처럼 엄마 아빠가 있지."

"알겠어요. 개미야, 미안해. 잘 가렴."

한번은 꽃을 어루만지다가 꺾으려 하자 덕명이 부드럽게 일러 주었다.

"설아, 꽃도 꺾으면 아프단다. 풀 한 포기도 다 생명이 있단다. 특별한 이유 없이는 꺾지 않아야 해요."

덕명은 딸 설이에게도 함부로 반말하지 않았다. 친근하게 대하면서도 특히 부탁할 때는 높임말을 쓰곤 했다.

"알겠어요. 아버지. 그런데 꽃은 어떻게 피는 거예요?"

"꽃씨가 추운 겨울에 땅속에서 잠자고 있다가 따뜻한 봄이 오면 땅의 기운과 하늘의 햇빛, 그리고 비와 이슬을 받아 자기 안에 소중하게 감춰 둔 색깔과 향기를 마음껏 펼치는 거란다."

"그렇게 작은 씨앗 안에 이런 색깔과 향기가 있었던 거예요?"

"그렇단다. 우리 설이도 좁쌀만 할 때가 있었지만 이렇게 예쁘게 피고 있지 않니?"

"나도 피어나고 있는 거야?"

"그럼. 더 예쁘게, 설이만의 색깔과 향기로."

"아버지, 그런데 왜 계절은 자꾸 바뀌는 거예요?"

"우주가 한시도 쉬지 않고 끊임없이 살아 움직이기 때문이란다. 그냥 보면 늘 반복인 것 같지만 사실은 그 반복을 통해 조금씩 성장을 하는 거란다."

"우주도 살아 있는 거예요?"

"그렇단다. 해와 달도 역시 살아 있고, 별들도 다 살아서 빛나는 거란다.”

“그러면 돌멩이도 살아있는 거예요?”

“그래, 돌멩이도 바위도 모두 살아 있지. 그래서 돌멩이 하나라도 소중하게 대해야 하는 거예요.”

“알겠어요, 아버지. 이제 설이는 밤에도 하나도 안 무서울 것 같아.”

설이는 팔짝팔짝 뛰면서 씩씩하게 말했다.

“그래, 모두가 살아 있음을 알면 세계가 이전과 달라 보인단다. 자연이 얼마나 신비로 가득 차 있는지 알면 숨이 막히게 아름다워 그만 눈물을 흘리게 되지.”

“아름다운데 왜 눈물이 나?”

“너무 아름다우면 가슴이 울려서 눈물이 나는 거란다. 눈물은 슬플 때만 나오는 게 아니라 감동했을 때도 나오거든.”

“그렇구나. 그럼 새들도 슬퍼서가 아니라 감동해서 우는 거예요?”

“그래 새들은 사람보다 더 많이 아름다움을 느끼기 때문에 더 많이 우는 거란다.”

“왜 아름다움을 더 많이 느껴?”

“새들은 늘 가슴으로 세상을 마주하기 때문이란다. 아름다움은 가슴으로 느끼는 것이거든.”

“가슴으로?”

설이가 자기 가슴에 손을 가져가면서 되뇌었다. 덕명은 설이와 이런 대화를 할 수 있다는 것이 참으로 기뻤다. 예전에 보국안민이라는 큰 짐을 어깨에 지고 있을 때는 미처 느껴 보지 못했던 그야말로 일상에서의 작은 기쁨이었다.

[30] '하늘의 길'이란 뜻으로, 우주의 운행 원리를 의미한다. 옛날 동아시아 성인들은 이 천도를 깨달아 인간의 삶에 구현하려고 하였다.

6

—

도피

다시 계절이 두 번 바뀌었다. 그동안 덕명은 농사도 짓고, 동네에서 한 번씩 품삯을 받고 허드렛일도 하고, 때론 한두 달씩 집 짓는 데 따라가서 목수 일을 거들며 생계를 꾸려 나갔다. 새벽부터 뼈 빠지게 일을 해도 생계는 늘 힘들었다. 평민으로 사는 삶은 참으로 만만치 않았다. 양반일 때는 많은 세금이 면제되었는데, 평민이 되고 보니 이런저런 명목의 세금은 왜 그렇게 많은지, 농사를 지어도 절반 이상이 땅 주인에게 돌아가거나 세금으로 바쳐야 했다. 게다가 한 번씩 부역에 강제로 불려 나가야 했다. 부역에 나가지 않으려면 쌀을 대신 바쳐야 했다. 게다가 당시는 삼정(三政)[31]이 극도로 문란하던 때라 백성들은 가혹한 세금과 착취에 시달리며 주린 배를 움켜쥐어야 했다.

덕명도 굶어야 하는 날이 적지 않았다. 자기 한 몸 굶는 건 괜찮은데 아내와 딸을 먹이지 못하는 것은 참으로 고통스러운 일이었다. 그런 날은 산에 올라가서 칡뿌리라도 캐 먹었다. 그나마도 칡뿌리라도 못 캐는 날은 그냥 냉수로 주린 배를 채워야 했다. 연수도 삯바느질하며 생계를 도왔다. 하지만 일감이 항상 있는 건 아니라서 생활은 늘 빠듯하기만 했다.

그런데 굶주림보다도 더 고통스러운 건 평민으로서 감내해야 하는 차별과 학대였다. 굶주리는 가족을 위해서 부잣집에 쌀을 꾸러 갔다가 하인들한테조차도 무시당하고 문전박대당하는 것은 예사였다. 한번은 부역에 나갔다가 아전들한테 욕지거리를 듣고 뺨을 맞은 적도 있었다. 아전 놈이 나이든 노인이 힘들어서 잠시 허리를 펴는 걸 못 봐주고 삿대질을 하며 욕하는 것을 보고 "거 너무 하시는 거 아니요?"라고 항의했다가 대든다고 뺨을 얻어맞은 것이다. 양반들의 거드름과 무시는 그렇다 하더라도 아전들의 행패는 참으로 견디기 힘들었다. 아전에게 뺨을 맞은 그날 덕명은 뒷간에서 오랫동안 울었다. 맞은 게 억울해서가 아니라 그동안 밑바닥 백성들이 겪은 설움과 한숨이 가슴 깊이 느껴졌기 때문이었다. 그들을 위한 울음이었고, 그들과 기꺼이 함께하겠다는 울음이었다. 이제 덕명에게는 가난한 백성이 하늘님이었고, 그들의 울부짖음이 곧 하늘님의 소리였다.

그날 이후 아전의 눈에 났는지, 아니면 덕명의 용모와 말투가 여느 평민과는 다름을 느꼈는지 덕명이 이 고을로 흘러들어 온 것을 의심하고 뒤를 캐는 자가 있었다. 김희원이라는 고을 형방이었다. 김희원은 부하를 시켜서 덕명의 집을 몰래 들여다보기도 하고, 주변 사람들에게 탐문을 하기도 했다. 그래서 덕명이 갑자년(1864년) 3월에 들어온 것을 알고 그 무렵 경상도 일대에서 어떤 중요한 사건이 있었는지를 수소문하기 시작했다.

김희원이 여기저기 다른 고을의 형방들에게 수소문하던 끝에 경상감영의 한 별장과 연결이 되었다. 조익환이라는 별장이었다. 조익환은 그렇지 않아도 8년 전 쯤의 수운의 처형에 대해 의구심을 갖고 있던 자였다. 조익환은 수운이 심문을 받을 때 여러 번 지켜봤는데, 처형 후에 효수된 얼굴은 비록 피가 묻어 제대로 알아보긴 힘들었지만 지금까지 봐 온 수운의 모습은 아니었다. 하지만 당시에는 그런 문제를 이야기해 봤자 경상감사에게 그 책임이 돌아갈 것이고, 자신에게도 좋은 일이 없을 것이기 때문에 묻어 두고 있던 터였다. 하지만 이제 감사도 한양으로 올라가고 당시 책임자들도 대부분 바뀌었다. 상황이 달라졌다. 만약 수운이 살아 있다는 것을 확인해서 잡을 수만 있다면 큰 포상을 받을 수 있을 것 같았다.

김희원과 조익환은 서로 정보를 교환한 끝에 덕명이 수운이라고 거의 확신하게 되었다. 특히 인상착의가 수운의 그것과 일치했다. 조익환은 매우 흥분해 그 길로 바로 중대 범죄자를 잡으러 간다고 보고하고 휘하의 나졸 10여 명을 이끌고 김희원을 앞세워 청도로 향했다. 나졸들의 거친 발걸음 소리가 조용한 거리를 뒤덮었다. 그날 따라 하늘도 잔뜩 흐려 있었다.

　덕명은 아침 맑은 물을 모시고 기도를 하는데 불안한 느낌이 들었다. 가슴이 괜히 두근거리기도 했다. 아침을 먹는데 설이가 무심코 말을 던졌다.

　"아버지, 그저께 놀다가 집으로 오는데 어떤 사람이 우리 집 담장을 한참 지켜보다가 갔어요."

　"그랬니? 어떻게 생겼는지 기억하니?"

　"칼을 차고 무섭게 생겼어."

　그 말을 듣고 연수가 얼굴이 하얘졌다.

　"에구머니나! 왜 그걸 지금 말하니? 여보, 혹시 무슨 일 나는 거 아니에요?"

　"무슨 일이야 있겠소."

　덕명이 아침을 물리고 일을 하려고 마을로 내려가는데 마침 감나무집 순덕이 할머니가 손짓하면서 불렀다.

　"보소 보소, 설이 아버지요. 며칠 전에 누가 와서 설이네에 대해서 한참 묻고 갔소."

　"그래요? 뭘 묻던가요?"

　"여기 언제 들어왔는지, 뭐 하는 사람인지 뭐 이런 걸 묻던데?"

　"아 그래요?"

"나야 뭐, 설이 아버지야 군자 중의 군자라고 했지. 나라 법 없이도 살 사람이라고."

"아이고, 고맙습니다."

덕명이 고개를 숙여 인사를 하고는 곧바로 다시 집으로 올라와 연수에게 다급하게 말했다.

"아무래도 누군가 눈치챈 모양이오. 여긴 더는 안 되겠소. 지금 당장 떠나야겠소."

순덕이 할머니에게 들은 이야기를 전하면서 덕명이 말했다.

"그래요. 떠날 때가 되었군요."

그 길로 덕명과 연수는 짐을 꾸렸다. 최소한의 옷가지와 이불, 쌀 두어 되, 감자 한 보퉁이가 전부였다. 밭에는 아직 수확을 못한 작물들이 남아 있었지만 어쩔 수 없었다. 덕명은 안 가겠다고 떼를 쓰는 설이의 손을 이끌고 지게를 지고 뒷산을 넘었다. 연수가 산마루에서 고개를 돌리자 멀리 희미해진 집이 눈에 들어왔다. 갑자기 눈물이 왈칵 쏟아졌다.

"여기서 행복하게 참 잘 살았는데. 굶기도 많이 굶었지만."

조익환과 김희원이 들이닥친 건 해 질 무렵이었다. 덕명과 연수가 막 산을 넘었을 때였다. 조익환은 휑해진 방을 보고는 애꿎은 문짝을 발로 차며 소리쳤다.

"제길! 한발 늦었군."

"떠난 지 얼마 안 됐습니다."

아궁이의 숯이 아직 살아 있는 걸 보고 김희원이 말했다.

"샅샅이 뒤져라!"

조익환은 일행을 두 패로 나눠 한 패는 산 쪽으로, 한 패는 마을로 보내 뒤를 쫓게 했다. 동네 개들이 때 아닌 불청객들의 난입에 심하게 짖었다.

덕명과 연수는 조익환의 급습을 간신히 피해 산을 하나 넘었다. 그런데 이상한 느낌에 뒤돌아보니 저 산 능성이 너머로 추격대의 모습이 보였다. 가슴이 마구 방망이질 쳤다. 보따리를 지게에 진 채, 설이를 데리고는 쫓아오는 추격대를 피하기 어려워 보였다. 할 수 없이 계곡으로 내려가 숨을 곳을 찾았다. 다행히 작은 동굴이 있어 하룻밤을 보냈다. 10월의 밤은 추웠다. 다음 날 아침 찐 감자로 허기를 채우고 갈 곳을 생각했으나 마땅찮았다. 제일 먼저 문경을 떠올렸지만, 그곳은 금방 탄로 날 곳이었다. 그렇다고 경주로 갈 수도 없었다. 밀양으로 해서 동래 바닷가 쪽으로 갈까도 생각했지만 그러려면 마을을 통과해야 했다. 혹시라도 검문이 있을지 모를 일이었다. 일주일을 그곳에서 죽은 듯이 보냈다.

결국, 선택할 수 있는 길은 서쪽 산길밖에 없었다. 산을 넘고 또 넘었다. 낮에는 동굴 같은 데서 자고, 주로 밤을 이용해 걸었다. 설이의 발은 둘째 날부터 퉁퉁 부었다. 불을 피울 수 없었으므로 생쌀을 씹거나 나무 열매를 따서 먹었다. 다행히 늦가을이라 허기는 면할 수 있었다. 문제는 곧 닥칠 겨울이었다. 20대 주유천하 할 때의 인연들을 떠올렸다. 합천 해인사의 작은 암자에 있던 스님이 생각났다. 창녕을 지나 합천에 도착했다. 하지만 스님은 그곳에 없었다. 어쩌면 당연한 일인지도 몰랐다. 20년도 더 된 일이었다. 그래도 그곳에서 며칠은 머물 수 있었다. 다시 길을 떠나 산청으로 들어갔다. 하지만 읍내로 내려가는 것은 아직 위험했다. 할 수 없이 산속에서 화전민들 틈에서 겨울을 보냈다. 화전민이 버리고 간 농막 하나를 손보았다. 아궁이도 없었다. 지붕에 짚을 더 얹고 널빤지를 구해 바람구멍을 막았지만, 그걸로 찬바람을 막기에는 역부족이었다. 먹는 것은 화전민들에게 감자 같은 것을 얻어 먹었지만 턱없이 부족했다. 할 수 없이 소나무 껍질을 벗겨 먹기도 하고, 눈으로 허기진 배를 채워야 했다. 그해 겨울은 참으로 춥고 배고팠다.

그렇게 춥고 배고픈 겨울을 보내고 나니 차라리 바닷가가 나을 것 같았다. 고기라도 잡으면 배고픔은 면할 것 같은 생각이 들었다. 그래서 진해로 해서, 진주를 거쳐 삼천포 바닷가로 내려갔다. 하지만 배가 없으므로 부둣가에서 막노동을 할 수밖에 없었다. 온종일 배에서 잡은 생선을 옮기는 일을 했다. 일은 힘들었다. 저녁이 되면 온몸에 땀과 생선 냄새가 배었다. 그래도 굶지 않는 것만으로도 다행이었다. 하지만 바닷가 사람들은 거칠었다. 덕명의 인품을 따르는 사람들도 생겼지만, 괜히 시비를 걸어오는 사람들도 있었다. 의심의 눈길을 보내는 자도 있었다. 어차피 한곳에 오래 있으면 위험했다. 그곳에 삼 개월을 머물다가 다시 하동으로 구례로 다시 곡성, 순창, 담양, 장성으로 계속 거처를 옮겼다. 이전에 장사하며 주유천하 하던 경험이 도움이 되었다. 이곳의 특산물을 사다가 저곳에 팔고, 또 그곳의 특산물을 사다가 다른 곳에 팔면서 여비를 충당했다.

그렇게 해서 당도한 곳이 고창이었다. 다시 겨울이 다가오고 있었다. 덕명은 선운사를 찾아서 49일 기도를 청했다. 쌀 한 가마니를 바치기로 하고 허락을 얻었다. 연수도 같이 기도를 하면서 공양간 일을 돕기로 했다. 오랜만에 두 사람은 마음에 안식을 얻을 수 있었다. 1년이 넘는 기간 동안 정말 몸도 마음도 고생이 말이 아니었다. 발은 늘 부어 있었다. 하루라도 편안하게 잠들 수 있는 날이 없었다. 날마다 쫓기는 꿈을 꾸었다. 그중에서도 설이가 가장 고생이었다. 어린 몸에 매일 거처를 옮기면서 걷기도 많이 걸었고 굶기도 많이 굶었다. 그래도 큰 탈 없이 버텨 주어서 얼마나 대견하고 고마운지 모른다. 하지만 지나고 보니 고생스럽기만 했던 것은 아니었다. 고된 도피 생활에서도 가족과 함께했기에 순간순간 주어지는 기쁨이 있었고, 가난한 자들끼리의 나눔이 있었고, 거친 자연 속에서의 평화가 있었다.

무엇보다도 찬란한 아침 햇살과 밤하늘의 쏟아지는 별빛이 숨 막히게 아름다웠다. 그 속에서 설이는 부쩍 자라 있었다.

[31] 조선 시대 국가 재정의 3대 요소인 전정(田政), 군정(軍政), 환정(還政: 정부 보유 미곡의 대여 제도)을 말한다.

7

배움

선운사에 봄이 왔다. 동백꽃이 유난히도 예뻤다. 덕명은 49일 기도를 하면서 주지 스님과 아주 친해졌다. 하기야 몇 마디 말만 주고받아도 덕명이 보통 사람이 아님을 금방 알 수 있었다. 덕명은 주지 스님의 주선으로 그곳에서 머지않은 변산 곰소에 거처를 마련할 수 있었다. 변산은 물산이 풍부하고 안온하기도 했지만 한 몸 감추기 좋은 곳이었다. 역사적으로도 많은 현인들이 이곳에 숨어 힘을 기른 곳이기도 했다. 최초의 한글 소설 《홍길동전》을 쓴 시대의 풍운아 허균이 신분 차별을 철폐하고 혁명을 꿈꾸었던 곳이 바로 이곳 변산이었으며, 실학자 유형원이 《반계수록》을 완성하고 그의 토지 개혁을 실험했던 곳이 바로 여기 변산이었다.

변산에 자리를 잡은 지 일 년, 어느덧 설이가 아홉 살이 되었다. 주변에 또래 동무들이 하나둘씩 생겼다. 놀러 가기도 하고 놀러 오는 동무들도 생겼다. 덕명의 집에도 어느덧 아이들의 웃음소리가 넘쳐 났다. 덕명은 가끔 그 아이들을 데리고 옛날이야기도 들려주고, 천자문도 가르쳐 주곤 했다. 그렇게 자연스럽게 글을 배우러 오는 아이들이 늘어났다. 어느덧 덕명의 사랑채는 학당이 되었다. 글을 배우러 오는 아이들은 칠팔 세부터 열서너 살 된 아이도 여럿 있었다. 덕명은 낮에는 일하고 해가 지면 찾아온 아이들을 가르쳤다. 천자문부터 소학(小學)을 가르치고 이후 논어, 맹자, 대학, 중용의 사서(四書), 그리고 노자 도덕경과 장자, 불교의 금강경 등 유불도를 두루 가르쳤다. 일주일에 한 번씩은 목검으로 검도를 가르쳤다.

수업료는 따로 받지 않았다. 하지만 부모들은 한 번씩 감자나 옥수수, 보리쌀, 그리고 잡은 생선을 보내오곤 했다. 덕명은 먹을 만큼만 남기고 남는 것은 대문 한쪽에 바구니를 하나 마련해서 누구나 가지고 갈 수 있도록 했다. 차츰 덕명의 집에는 많은 사람이 찾아왔다. 먹을 것을 구하려고도 왔고, 자녀 교육 때문에도 왔고, 집안에 일이 있거나 물을 것이 있는 사람도 찾아왔다. 덕명은 그들을 하늘님처럼 극진히 맞아들여 정성껏 알려 주었다. 연수는 손님을 그냥 보내지 않고 꼭 따뜻한 밥을 새로 지어 대접했다. 거지가 와도 새로 밥을 지어 대접했다. 그들에게는 집에 들어오는 모든 사람이 하늘님이었다.

하지만 모든 게 순탄치는 않았다. 학당을 열고 1년이 채 안 되었을 때 마을의 양반들이 몰려와서 평민인 주제에 감히 학당을 한다고 행패를 부렸다. 그중에는 향교의 제장(齋長, 향교의 관리와 유생의 교육을 담당하던 책임자)도 있었고, 옆 마을에서 서당을 하는 생원도 있었고,

유생들도 있었다. 제장은 특히 공부 내용을 가지고 입에 담지도 못할 비난을 퍼부었다. 유학 외에 불교와 같은 이단의 학문을 가르친다는 것이었다. 또 배우러 오는 아이 중에 노비의 자식이 있다는 것과 남녀를 한 방에서 가르친 것에도 광분했다. 이는 신분질서와 윤리강상을 흔드는 행위로서 도저히 용납할 수 없다고 했다. 덕명으로선 어쩔 도리가 없어 연신 허리를 숙이며, 본래 다른 의도가 없었고, 그저 찾아오는 딸의 친구들을 가르쳤을 뿐이었다고 했지만 막무가내였다. 결국에는 데리고 온 종들을 시켜서 사랑채의 아이들 책상과 책들을 모조리 마당에 집어 내던지기까지 했다. 결국, 문을 닫겠다는 약속을 받고서야 행패를 멈췄다.

그런 행패를 당하고 보니 덕명은 맥이 탁 풀렸다. 마음이 더 상한 쪽은 연수였다. 연수는 마당에 찢겨서 널부러진 책들을 보니 기가 차고 눈물이 났다. 그런 연수를 덕명이 안으며 괜찮다 오히려 위로했다. 설이도 사랑채 기둥 뒤에서 울고 있었다.

그 무렵 연수가 태기가 있었다. 둘째를 가진 것이었다. 덕명은 마음을 추스르고 태어날 아기를 위해서라도 더 많은 일을 찾아서 했다. 새벽에 바닷가에 나가서 막노동도 하고, 만석꾼의 너른 논에서 종일 일하기도 하고, 한 번씩 집 짓는 데서 일을 거들기도 하면서 품삯을 받았다. 덕명의 얼굴은 어느새 노동으로 그을렸다. 신분은 그렇게 얼굴색과 팔뚝의 근육에 문신처럼 새겨졌다.

연수가 둘째 아기를 순산한 그해 여름, 전라도 지역에 전염병이 크게 돌았다. 지방 수령들의 수탈이 점점 더 심해지면서 백성들의 굶주림도 심해졌고, 가뭄이 계속 이어지면서 흉년이 몇 년째 이어졌다. 제대로 먹지 못하고 위생이 나빠지니 전염병이 창궐할 수밖에 없었다. 어떤 마을엔 전염병으로 마을의 절반 이상이 죽어 나갔다. 덕명의 곰소 마을에도 전염병이 돌아 여럿이 죽어 나갔다. 마을에 의원이 있었지만 속수무책이었다. 전염병이 도니 마을 인심은 거칠어지고 서로 왕래가 끊겼다. 서로를 원수처럼 여겼다. 덕명이 보다못해 위험을 무릅쓰고 마을로 내려갔다. 가장 큰 문제는 열악한 위생이었다. 덕명은 환자가 많이 생긴 집의 부엌부터 깨끗하게 청소를 시키고 먹던 음식은 남기지 않고 흙에 파묻도록 했다. 그리고 쑥을 피워서 집안을 정화하고, 침과 뜸으로 몸의 기운을 바로잡아 주고, 영부를 써서 마음을 다스리도록 했다. 필요할 경우 주변에서 쉽게 구할 수 있는 질경이 등의 약재를 달여 먹도록 했다. 덕명은 자신의 몸을 돌볼 겨를도 없이 하루에도 열 집이 넘게 돌면서 마을 사람들을 돌보았다. 다들 사소한 접촉조차 꺼리는데 덕명은 전염병 환자의 몸을 자기 몸처럼 어루만졌다. 그 덕분인지 그해 여름 곰소 마을엔 전염병이 더 이상 퍼지지 않고 다른 마을에 비해 큰 피해 없이 지나갔다.

그 일 이후 덕명의 집엔 다시 사람들이 끊이지 않고 찾아들었다. 아이들도 다시 찾아와서 공부를 가르쳐 달라고 졸랐다. 하지만 덕명은 이제 가르칠 수 없다며 한사코 그 청을 물리쳤다. 그 뒷날도 아이들이 와서 간청하고, 그다음 날도 아이들이 찾아왔다. 덕명은 하는 수 없이 글공부 대신 목공이나 침·뜸, 검술 등을 같이 배워 보자고 했다. 그리고 매월 초하룻날과 보름날 두 차례 사랑채에 모여서 이야기나 나누자고 제안했다. 아이들은 자기의 취향에 따라 원하는 것을 배웠다. 주로 설이 친구들이 많았고, 신분과 남녀를 가리지 않았다. 그중엔 백정의 자식도 있었다.

10월 보름달이 휘청한 저녁, 아이들은 일찌감치 덕명의 사랑채에 모여 앉았다.

"덕명 아저씨, 저희 할머니는 늘 사람은 배워야 한다고 하셨어요. 그런데 저는 왜 배워야 하는지 모르겠어요. 왜 배워야 합니까? 그리고 무엇을 배워야 합니까?"

덕명은 아이들이 '스승님'이라고 부르는 걸 한사코 말리며, 그냥 '덕명'이라고 부르라고 했다. 그래도 아이들은 차마 이름을 못 부르고 '아저씨'를 붙여 불렀다.

"좋은 질문이에요. 본래 공부라고 하는 것은 사람 된 참된 도리를 배우는 것이에요. 그것을 옛사람들은 '덕(德)'이라고 했어요, 그러니 덕 있는 사람, 즉 참사람이 되기 위해서 공부해야 한다고 할 수 있겠네요. 그런데 지금 서당이나 향교에서는 글공부 위주로, 그것도 주자학 위주로 공부를 하고 있어요. 그리고 대부분 과거시험을 위해 공부를 해요. 그러니 이는 참사람이 되기 위한 공부와는 거리가 멀겠지요."

덕명은 아이들에게도 함부로 하대하지 않고 존중했다. 그리고 가르친다는 생각보다는 아이들이 이미 알고 있지만 잊고 있는 걸 깨우쳐 준다는 느낌으로 접근했다.

"그러면 글공부는 필요 없는 건가요?"

수레꾼의 아들인 성준이라는 아이가 물었다.

"물론 글공부도 필요해요. 하지만 공부가 글공부만 있는 건 아니에요. 그리고 학문이 주자학만 있는 것도 아니에요. 같은 유학이라도 양명학도 있어요, 노자와 장자의 도가도 있고, 불교도 있고, 서학도 있고, 그리고 동학도 있지요. 그런데 지금은 주자학만이 바른 학문이라고 하면서 나머지 학문을 다 배척하니 참으로 안타까워요. 다른 학문도 모두 우리가 어떻게 살아야 하는지를 가르치고 있어요. 주자학도 원래는 그런 학문이었는데, 지금은 껍데기만 남아서 과거시험을 위한 공부가 돼 버렸어요."

덕명이 동학을 언급하면서 살짝 가슴이 아리는 것을 느꼈다.

"글공부만 공부가 아니라고 하시면, 어떤 공부가 또 있습니까?"

성준이가 다시 물었다.

"지금 양반들은 하인이 없으면 아무것도 못 하는 사람들이 많아요. 글공부에 앞서 살아가는 데 꼭 필요한 실제적 지식과 기술을 먼저 배워야 해요. 우리가 살아가는 데 꼭 필요한 배움에는 어떤 게 있을까요?"

덕명이 되물었다.

"우선 먹어야 사니까 농사와 관련된 기술, 그리고 집이 없으면 안 되니까 집 짓는 기술, 그리고 입어야 하니까 옷을 만드는 기술이 아닐까요?"

복성이가 대답했다.

"맞아요. 그리고 또 어떤 게 있을까요?"

"병이 나면 고쳐야 하니까 의술도 삶에서 꼭 필요한 기술인 것 같아요. 그리고 추위를 피하고 음식을 만들어야 하니까 아궁이를 만드는 것도 중요한 기술일 것 같아요."

이번에는 나이가 제일 많은 스무 살 균혁이가 대답을 했다.

"맞아요, 그런 것들을 먼저 배워야 해요. 물론 한 사람이 그 모든 것을 다 잘할 필요는 없어요. 그중에서 자기가 좋아하는 것을 자기의 업으로 삼으면 돼요. 이러한 것들이야말로 삶에서 꼭 필요한 '삶의 기술'이라고 할 수 있어요. 그런데 사실 삶의 기술에서 더 중요한 것은 '관계의 기술'이에요. 결국, 잘 산다고 하는 것은 주변 사람들과 좋은 관계를 유지한다는 것 아니겠어요? 부모를 잘 모시고, 좋은 사람을 만나고, 또 아이를 낳아서 잘 자랄 수 있도록 돕고, 이웃과 잘 지내는 이 모든 것이 관계의 기술이에요. 대인관계가 좋지 못하면 결코 행복한 삶을 살 수가 없으니, 이것이 글공부보다 훨씬 중요해요."

"맞아요. 저희 부모님은 맨날 싸워요. 그런 날은 지옥 같아요. 그리고 저도 어제 옥이랑 싸웠어요. 마음으론 잘 지내고 싶은데 말이 자꾸 험하게 나와요. 어떻게 하면 좋을까요?"

고기잡이하는 집의 셋째 딸 순덕이가 물었다.

"대인관계가 참 어렵지요. 나에게도 아직 어려워요. 그런데 사람들은 흔히 이런 것은 따로 배워야 하는 게 아니라고 알고 있어요. 하지만 이러한 관계에 대한 바른 앎이야말로 우리의 삶과 가장 밀접한 앎이에요. 이것만 갖고도 여러 날 이야기해야겠지만 대략 말하자면 우선 모든 사람을 하늘처럼 받들어야 해요. 사람들은 남녀노소, 계급 귀천에 상관없이 모두 그 내면에 하늘을 모시고 있어요. 비록 구름에 가려져 있지만, 태양이 빛나고 있듯이 말이에요. 그러니 어떤 사람을 만나더라도 정성과 공경과 믿음으로 대해야 해요. 그 사람의 단점을 보기보다는 장점을 먼저 보고, 비난하기보다는 칭찬을 주로 해야 해요. 대부분의 싸움은 말로 인해서 생기는 경우가 많아요. 그래서 말을 곱게 하는 법을 배워야 해요. 대놓고 비난을 하거나 화를 내거나 말꼬리를 붙잡아 따지고 들면 결국 싸우자는 거지요. 그렇다고 무조건 참는 것도 좋은 방법은 아니에요. 상대가 감정을 상하게 하거나 기대에 어긋난 행동을 했을 경우, 감정을 그대로 내지 말고, 그 사람의 마음을 헤아려 보고, 보고 느낀 그대로를 솔직히 표현해 주는 게 좋아요. '아까 네가 이런 행동을 해서 나는 이런 감정이 들었다'라고 표현해야 해요. 감정을 내는 것과 그 감정을 객관화해서 말로 하는 것과는 큰 차이가 있어요. 그런 다음 그런 감정을 일으킨 자신의 욕구를 스스로 헤아려 보고, 자신이 원하는 것을 구체적으로 부탁하는 게 좋아요. 그러면 대화를 통해 자기와 상대를 더 깊게 이해하게 되고, 생산적인 대화를 할 수 있게 됩니다."

덕명은 동학의 시천주(侍天主), 사인여천(事人如天, 사람을 섬기기를 하늘과 같이 하라)과 대인접물(待人接物, 사람을 대하고 물건을 대하는 방법)을 풀어서 이와 같이 설명했다.

"저도 이러한 삶의 기술을 배우는 것은 너무나 중요하다고 생각합니다. 그런데 저는 예전부터 우주가 어떻게 우주가 되었는지, 사람은 어떻게 사람이 되었는지, 죽으면 어떻게 되는지 이런 것들이 궁금해 미치겠습니다. 이런 것들은 배울 수 없는 것입니까?"

얼마 전에 장가를 든 성오라는 아이가 물었다.

"아니에요. 그 배움 역시 무척 중요해요. 그것을 옛 성현들은 도(道), 또는 천도(天道)라고 했어요. 천도란 말 그대로 하늘의 길, 우주의 운행 원리를 의미해요. 또 그 우주의 운행 원리에 따라 만물이 생겨났으므로 그것은 생명 원리이기도 해요. 옛 성현들은 이 천도를 깨달아서 그것을 이 땅에 펼치고자 했어요. 도를 자기 인격과 삶과 사회에 구현할 때 '덕(德)'이라고 해요. 본래 '덕'이란 도를 체득한 사람이 얻게 된 내면의 힘을 의미했어요. 그 덕으로 주변 사람들을 대하고 덕으로 사회를 이끄는 덕치(德治)의 구현이야말로 옛 성현들이 공부하는 이유였으며, 또한 삶의 궁극적 목표이기도 했어요. 진리탐구와 덕의 구현이 둘이 아니지요. 그런데 어느 순간 '천도'는 잊혀졌어요. 학자들은 천도를 직접 깨치려 하기보다는 그것을 글로 적어 놓은 책만 보고 머리로만 이해하려 했어요. 그건 아는 게 아니에요. 마치 보라는 달은 보지 않고 달을 가리키는 손가락만 보고 있는 꼴이지요."

덕명은 동학이야말로 천 년 이상 끊어졌던 천도를 이 땅에서 다시 회복한 것이라는 말을 하고 싶었지만 애써 참았다. 한때 많은 사람에게 동학을 가르쳤지만, 동학을 믿고 좋아하면서도 동학을 통해 말하고자 하는 바를 실천하는 자는 적었다. 차라리 동학을 몰라도 그 내용을 행하는 것이 나았다.

"그러면 어떻게 천도를 깨칠 수 있습니까?"

성오가 계속 물었다.

"천도는 머리로 아는 게 아니에요. 오히려 생각을 멈추고 마음을 텅 비워서 나를 온전히 하늘에 맡길 때 체험하고 체득할 수 있는 것이에요. 우리의 앎이란 직접적인 관찰과 경험을 통해서 생기는 것도 있고, 우리의 사유와 추론으로 알게 되는 것도 있고, 책을 통해 얻게 되는 것도 있고, 몸을 단련하고 반복된 연습을 통해서 얻어지는 것도 있고, 또 감각과 생각을 멈춤으로써 얻어지는 것도 있어요. 이 중에 어느 것이 중요하고 어느 것이 덜 중요한 건 아니에요."

덕명은 동학의 인식론인 불연기연을 이처럼 풀어서 말했다. 불연(不然)은 명상적, 직관적 인식방법을 말하고, 기연(其然)은 경험과 관찰, 추론을 통한 인식방법을 말한다. 덕명은 적어도 이 두 가지 방법이 병행되어야 실재에 대한 참된 앎이 가능하다고 말한 것이다.

"좀 더 구체적으로 어떻게 자신을 비울 수 있습니까?"

이번엔 백정의 아들인 종서가 물었다.

"몸과 마음에 힘을 빼고 지금 여기에 나를 내려놓는 것이에요. 물에 몸을 맡기듯 나를 온전히 내맡기는 것이지요. 숨을 들이쉬고 내쉬는 숨에 마음을 같이 탁 내려놓는 것도 하나의 요령이에요. 또는 간단한 음절의 주문이나 염불을 반복하는 방법도 있어요. 그러면 마음도 편안해지고 몸도 편안해지면서 마음이 비워지게 됩니다. 마음이 비워지면 자연히 욕심도 비워지겠지요. 그러면 자연히 도와 하나가 됩니다. 도와 하나가 되면 그동안 끊어져 있는 하늘의 기운과 연결이 되어 하늘의 기운이 저절로 작동하게 되기도 해요. 철새가 수만 리를 날아서 이 땅에 오는데 날갯짓만으로 오는 게 아니겠지요? 하늘의 기류를 타고 와요. 마찬가지로 나를 비우고 하늘에 나를 내맡기면 하늘의 힘으로 나의 삶이 이끌어지게 돼요. 수레에 내 몸을 맡기면 말의 힘으로 저절로 가는 것처럼 말이에요."

"배움 중에서 가장 큰 배움이 도와 하나가 되는 것입니까?"

종서가 계속 물었다.

"도와 하나가 되고, 하늘의 기운을 운용할 수 있는 공부가 큰 공부이긴 하지만. 가장 큰 공부는 내 몸과 마음을 아는 공부예요. 내 몸과 마음을 알고 다스릴 수 있어야 진정한 삶의 주인이 될 수 있기 때문이에요."

"어떻게 몸과 마음을 알고 다스릴 수 있나요?"

"몸을 안다는 것은 몸의 구조를 이해한다는 것이 아니라 몸을 단련해서 몸을 다스릴 수 있게 되는 것을 말해요. 그래서 무예도 배우고 검술도 배우는 것이에요. 그것을 통해 몸을 다스리고 몸의 주인이 되는 거예요. 또 몸을 안다는 것은 몸 안에 기운이 어떻게 작동하는지를 아는 것이에요. 기운이 흐르는 길을 알고 그 기운이 모이는 곳을 알아서 그 흐름을 원활하게 해 주는 것이 우리 의학이에요. 나중에 공부가 깊어지면 침과 뜸을 쓰지 않고, 자신의 호흡으로 기운을 돌릴 수도 있어요."

"호흡으로 기운을 돌려서 병을 고칠 수도 있다는 건가요?"

이번에는 설이가 물었다.

"그래요. 도교에서 하는 단전호흡법 같은 것이 그런 거지요. 몸 안에서 기운의 흐름을 터득하게 되면 몸에 많은 변화를 느낄 수 있어요. 이것도 큰 공부지만 몸 공부, 기운 공부에만 그치면 안 돼요. 마음공부와 성품 공부로 가야 합니다."

"마음공부와 성품 공부는 어떻게 하나요?"

설이의 단짝 친구인 정순이가 물었다.

"먼저 마음이 하나의 현상이라는 것을 알아야 해요. 마음은 그 자체로 실체가 아니라 욕구와 감정과 의지와 생각 등의 여러 요소로 이루어진 하나의 현상이라는 것을 알아야 해요. 그러한 현상의 결과로 '나'라는 자아의식이 생기는 것이에요. 그러므로 '자아'라는 것은 실체가 아니라 하나의 의식 현상이에요. 다시 말해 지금 나의 욕구와 감정과 생각은 잠시 일어났다가 사라지는 현상이에요. 마치 바다에서 잠시 파도가 일어나는 것과 같아요. 그렇다고 이 욕구와 감정, 생각이 소중하지 않은 건 아니에요. 이 욕구와 감정과 생각을 소중히 대해야 해요. 그것이 나를 사랑하는 방법이니까요. 하지만 거기에 그쳐서는 안 되고 그 욕구와 감정과 생각의 주인이 되어야 해요. 나의 욕구와 감정과 생각이 하나의 현상이라는 것을 알게 되면 그것들을 객관화하여 바라보는 또 다른 마음이 형성될 수 있어요. 그것을 옛 성현들은 깊은 마음, 본심, 성품, 진아(眞我, 참나) 등 여러 이름으로 불렀어요. 그 본래의 마음, 성품을 회복할 때 비로소 '참나'를 찾게 되는 것이고, 나의 주인이 될 수 있어요."

덕명은 동학의 수도법인 수심정기(守心正氣)[32]를 이와 같이 '몸과 마음의 사용법'으로 풀어 주었다. 수심은 현상적인 자기 마음을 분리한 상태에서 그 마음의 고삐를 잘 움켜잡음으로써 자기 삶의 주인이 되는 법을 말하고, 정기는 자기의 몸을 하늘에 내맡김으로써 그동안 끊어져 있던 하늘 기운과 연결하여 하늘의 기운을 쓸 수 있는 공부를 말한다.

"비우고 내맡기는 공부가 있고, 스스로 주인이 되는 공부가 있네요."

설이가 다시 물었다.

"그래요. 둘이 다른 공부 같지만 실은 하나예요. 나를 비우고 온전히 하늘에 내맡기되 내 삶의 주인이 되는 길이에요. 예를 들면 지금까지 말과 수레가 따로 놀았어요. 말은 우리의 욕구와 감정이라고 할 수 있겠지요. 길들지 않은 말은 우리를 다치게 할 수도 있어요. 하지만 그 말을 잘 다스려서 수레와 연결하고, 그 수레의 고삐를 내가 잘 잡고 운전하게 되면 그 말의 힘으로 내가 원하는 곳을 갈 수 있겠지요. 그동안 성가시다고 느꼈던 욕구와 감정이 오히려 나를 이끄는 생산적인 힘이 될 수 있어요. 그게 바로 내 삶의 주인이 되면서도 나의 힘이 아니라 하늘의 힘을 쓸 수 있는 길이에요. 그래서 나의 욕구와 감정을 소중히 대하되, 그것을 운용하는 주인이 되어야 한다는 거예요. 그러고 나서 다른 사람들, 다른 생명도 소중히 대해야 해요. 사람들이 이것을 참으로 배워서 자기 삶의 주인으로 살 수 있으면, 그러면서도 다른 사람들, 나아가 주변의 작은 물건까지도 공경하는 삶을 살 수 있다면 정말로 새로운 세상이 오지 않겠어요? 오늘 배움에 대해서 참 좋은 이야기들이 오고 갔네요. 나도 여러분을 통해서 많이 배웠어요. 고마워요."

　덕명은 동학이라는 말을 언급하지 않으면서도 동학의 주요한 가르침을 모두 풀어놓았다. 그것은 다름 아닌 어떻게 살아야 하는가에 대한 '삶의 기술'이었으며, '관계의 기술'이었으며, 특히 '몸과 마음에 대한 사용설명법'이었다.

[32] 나의 마음을 지키고, 기운을 바르게 한다는 뜻이다. 동학의 심법이라고 할 수 있다. 자기 마음의 고삐를 잘 움켜잡아 자기의 주인이 되는 것이 수심이고, 자기의 몸을 하늘의 기운과 연결하여 하늘의 기운을 쓸 수 있는 것을 정기라고 한다. 수레 모는 것으로 비유하면, 수레의 고삐를 잘 잡는 것이 수심이고, 수레를 말과 잘 연결하여 말의 힘으로 원하는 곳을 가는 것이 정기이다.

8

손님

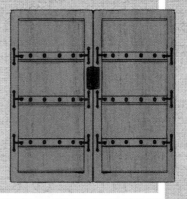

그 무렵 세상은 갈수록 어지러웠다. 열악한 처우를 견디다 못해 군병들이 난리를 일으켰다는 소문도 돌았다. 그런데 조정은 외세를 업고 자신의 권력을 유지하는 데만 혈안이었을 뿐 백성들은 안중에도 없었다. 외세는 그 권력의 뒤를 봐주며 각종 이권을 챙겼다. 조선 팔도가 외세의 이권 다툼의 장이 되었다.

또 한 해가 지나고 가을이 왔다. 고추잠자리가 높이 날고, 코스모스가 한들거리며, 감나무에는 감이 익어 갔다. 들의 벼들도 누렇게 익어 갔다. 덕명이 저녁을 먹고 사랑채에서 책을 꺼내 읽다가 잠시 눈을 감고 수련에 들어가려 하는데 밖에서 부르는 소리가 들렸다.

"뉘시오."

덕명이 문을 열면서 물었다. 문밖으로 장정 두 사람이 달빛을 받으며 서 있었다.

"스승님, 기체만강 하셨습니까?"

"누구? 아니 이 사람 자원이가 아닌가, 그리고 이 사람은?"

덕명이 최자원[33]을 알아보며 버선발로 달려 나와 어깨를 감쌌다. 최자원은 수운의 수제자 중의 한 사람이었다.

"저 장옥입니다. 서장옥[34]. 기억하실런지요?"

장옥이 겸연쩍은 미소를 띠며 물었다.

"아니 자네가 은적암의 동승, 장옥이란 말인가? 이젠 시커먼 장년이 다 되었구먼. 허허."

덕명이 장옥을 알아보고 반가운 웃음을 터뜨렸다. 그리고 다시 자원을 바라보며 말했다.

"자네 자원이 살아 있었구먼, 살아 있었어. 난 죽은 줄 알았네. 밖에서 이럴 게 아니라 어서 방으로 듭시다."

세 사람은 서로 큰 절을 나누고 앉았다.

"저녁은 어찌하셨는가?"

"아직입니다."

"잠시 기다리시게. 곧 준비해 오겠네."

덕명이 나가 연수에게 저녁을 부탁하고 다시 방으로 들어왔다.

"자원이 그동안 어떻게 지냈는가?"

"저도 죽다가 살았습니다. 종신 유배에 처해서 끌려가다가 감시가 소홀한 틈을 타 겨우 탈출해서 지금까지 숨어 지내고 있습니다."

"그랬군. 여긴 어찌 알고 왔는가?"

"많이 찾아 헤맸지요. 안 돌아가셨다는 걸 나중에 곽덕원에게서 들었습니다. 이 근처 마을에 왔다가 이곳에 도인이 사신다는 말씀을 듣고 혹시나 해서 와 봤습죠."

자원이 대답했다.

"그랬군. 그래 세정이, 세청이는 어찌 지내는지 아는가?"

"아직 소식 못 들었습니까? 죽었습니다. 큰 아드님 세정은 한 10년 전에 관에 끌려가서 매를 맞다가 죽었고, 사모님도 그 이듬해에 영양실조로 돌아가시고, 둘째 세청도 한 7년 전에 병으로 죽었습니다."

"그랬는가?"

덕명은 잠시 멍하니 허공을 바라보았다. 알 수 없는 감정들이 폭풍처럼 밀려들었다. 가슴으로부터 뜨겁고 축축한 것이 위로 솟구치더니 눈으로 흘러나왔다. 죽어야 할 사람은 아직 살아 있고, 살아야 할 사람은 벌써 죽었다.

밖에서 연수가 부를 때까지 세 사람은 그렇게 침묵 속에 한동안 앉아 있었다. 연수가 상을 차려 왔다. 보리밥에 김이 모락모락 났고 된장찌개 냄새가 구수하게 코를 찌르며 군침을 돌게 했다. 정갈하고 정성이 담긴 밥상이었다.

"시장하실 텐데 차린 건 없지만 많이 드세요."

"아이고 사모님, 고맙습니다. 저희 처음 인사 올립니다."

두 사람이 벌떡 일어나 큰절을 올리고 밥을 급하게 입에 집어넣었다.

"천천히 드셔요. 밥은 얼마든지 있어요."

"아이고, 사모님 이렇게 맛있는 밥은 참으로 오랜만입니다."

두 사람이 흡족하게 배를 두들기며 말했다. 연수는 상을 물리고 차를 내왔다.

"그래, 어찌 지냈는가?"

"저희는 잘 지냈습니다. 스승님께서는 옥체 만강하셨습니까?"

"보시다시피 잘 지내고 있네. 이제 백발이 다 되었지. 벌써 세월이 이십 년이나 흘렀으니."

"머리는 세셨어도 얼굴은 더 좋아지신 것 같습니다. 얼굴에 윤기도 나고 편안해 보이십니다."

"그리 보이나? 고맙네. 그동안 나도 안 해 본 것 없이, 참 고생이 많았네만 지금은 아주 편해졌네."

"네, 좋아 보이십니다!"

"하지만 내 어찌 한시라도 자네들을 잊었겠는가? 늘 마음 한구석은 가시방석이었네."

덕명이 긴 한숨을 내쉬며 말했다.

"스승님……."

자원이 말끝을 살짝 흐리며 뜸을 들였다. 덕명은 그런 자원의 얼굴을 가만히 들여다보며 뒷말을 기다렸다.

"세상은 날로 혹독해지고 있습니다. 세도가들의 권세는 하늘을 찌르고 거기에 빌붙어 돈으로 벼슬을 산 작자들이 지방의 수령이 되어서 백성의 고혈을 짜내고 있습니다. 백성의 원망은 하늘에 사무치고 골짜기마다 곡소리가 가득합니다."

"그래 알고 있네. 나도 나라와 백성을 생각하면 안타깝기 그지없네. 나만 혼자 편안한 것 같아 괜히 미안한 마음도 들고……."

덕명은 잠시 탄압으로 고초를 겪던 일이 떠올라 자기도 모르게 몸이 움찔했다. 그리고 그때 희생된 제자들을 생각하니 견디기 힘든 감정이 밀려왔다.

"그래서 말입니다만, 이제 한번 의로운 칼을 들어 세상을 뒤엎어야 하지 않겠습니까."

장옥이 앉았던 다리를 급히 오므리면서 무릎을 꿇고 고개를 조아렸다.

"해월이 잘하고 있다고 들었네만.《동경대전》,《용담유사》도 간행하고 교세도 강원도 충청도를 넘어 이제 이곳 전라도까지 퍼지고 있다고 들었네. 그런데 지금 내가 나서면 오히려 세가 양분될 걸세. 해월에게 힘을 몰아줘야 해."

"해월 법헌[35]께서 잘하고 계시다는 건 압니다. 하지만 세만 넓힌다고 새로운 세상이 오겠습니까? 법헌께서는 너무 온화한 성격이라 세상을 뒤엎기에는 부족합니다. 그리고 칼을 놓은 지가 오래됐습니다. 스승님께서는 칼을 중시하시지 않으셨습니까. 하늘에 천제를 지내고 나서는 꼭 검무를 추시며 썩은 세상을 도려내겠다는 기개를 보여주셨지요. 거기에 저희도 모두 같이 몸이 후끈 달아올랐습지요."

자원의 목소리가 커졌다.

"그래. 그때 하늘의 기운을 받아 검무를 추면 몸이 한자씩 솟구치며 온몸에 기가 뻗치고 장쾌한 기상이 흘러넘쳤지. 그때 같이 부르던 검가 기억하는가?"

덕명의 눈이 반짝이며 손에 힘이 들어가는 것이 느껴졌다.

"그럼요. 기억하고 말고요."

그렇게 말을 하고는 자원이 벌떡 일어나더니 검가를 부르기 시작했다.

시호시호 이내시호 부재래지 시호로다

만세일지 장부로서 오만년지 시호로다

용천검 드는칼을 아니쓰고 무엇하리

자원이 흥에 겨워 어깨를 들썩이며 춤까지 추자 장옥도 따라 일어나 같이 검무를 추며 검가를 불렀다.

무수장삼 떨쳐입고 이칼저칼 넌즛들어

호호망망 넓은천지 일신으로 비껴서서

칼노래 한곡조를 시호시호 불러내니

용천검 날랜칼은 일월을 희롱하고

게으른 무수장삼 우주에 덮여있네

만고명장 어디있나 장부당전 무장사라

좋을시고 좋을시고 이내신명 좋을시고

참으로 호쾌하고 천하를 뒤엎을 기상이 절로 일어나는 노래였다. 덕명도 감흥에 젖어 어깨를 들썩였다.

"스승님, 이제 크게 한번 떨쳐 일어나시지요? 스승님께서도 예전에 누누이 개벽의 때가 되었다고 말씀하시지 않으셨습니까. 용천검을 높이 들어 저 권귀들을 처단하고 무능한 왕을 갈아엎어야 합니다. 저희는 이미 목숨을 내놓을 각오를 하고 있습니다. 스승님이 나서시면 족히 수천 명은 따를 것입니다."

자원이 숨을 고르며 다시 한번 재촉했다.

"하지만 자원이! 칼로 세상을 뒤엎을 수는 있겠지만 칼로 좋은 세상을 만들 수 있는 건 아니네. 사람들의 마음 바탕이 먼저 바뀌지 않으면 근본적인 변화는 불가능해. 내가 검무를 춘 것은 하늘 기운을 받아 나의 어그러진 기운을 바로잡는 정기(正氣) 공부의 일환으로 한 것일세. 먼저 내 안에 있는 분노와 욕망을 베는 칼이었단 말일세."

덕명이 나직하면서도 힘찬 어조로 대답했다.

"아니 어느 세월에 마음을 다 바로잡는다는 말입니까? 지금 백성들은 가혹한 세금과 학정에 굶주리고 있습니다."

장옥이 두 눈을 부릅뜨며 주먹을 불끈 쥐고 말했다. 덕명이 그 눈을 바라보며 고개를 끄덕였다.

"자네들의 피 끓는 심정을 왜 모르겠는가? 나도 그동안 평민으로 15년 동안이나 온갖 차별과 수모를 당하며 살았네. 헐벗은 민초들의 곤경은 나도 잘 알고 있네. 하지만 역사적으로 얼마나 많은 민란과 혁명이 있었나. 그중엔 실패한 것도 많지만 성공한 경우도 있었어. 왕을 끌어내리고 심지어 왕조를 갈아치우기도 했지. 하지만 세상은 근본적으로 좋아지진 않았어. 그래서 새로운 삶의 원리에 바탕한 진정한 마음의 혁명이 필요한 것이야. 내가 부르짖은 개벽은 그러한 근본적 삶의 혁명을 말한 것이야. 나의 몸과 마음을 어떻게 대하고 다른 사람, 다른 생명을 어떻게 대할 것인가에 대한 근본적 변화를 말일세."

"압니다, 스승님. 근본적 변화가 필요하지요. 스승님은 그것을 개벽이라고 하셨습니다. 하지만 그것은 너무나 요원한 일입니다. 당장에 신음하는 백성을 위해서는 썩은 권력을 우선 도려내야 하지 않겠습니까."

자원이 물러서지 않고 다시 한번 혁명의 필요성을 피력했다.

"물론 권력을 교체해야 하는 때도 있네. 혁명을 부정하는 것은 아니야. 하지만 충분한 역량을 쌓지 않고 준비 없이 단지 분노로써 하게 되면 헛된 희생만 초래될 뿐 아니라, 그렇잖아도 핍박받는 동학을 더 어렵게 하는 일이야. 지난번 이필제의 난을 잘 성찰해야 하네.”

이필제의 난은 지난 1871년 영해에서 이필제가 수운의 억울한 죽음과 핍박받는 민중을 구제하기 위해 해월을 부추겨서 일으킨 민란이었다. 이 사건으로 영해 부사를 처단하고 관아를 탈취했지만, 정부의 대대적인 반격으로 괴멸되어 이필제는 잡혀 죽고 해월은 간신히 도망쳤다. 하지만 동학도인 수백 명이 희생되고 동학은 다시 백척간두에 서게 되었다.

세 사람 사이에 어색한 침묵이 흘렀다. 그 분위기를 깨고 장옥이 말했다.

“알겠습니다. 무슨 말씀이신지. 그럼 저희는 더 역량을 쌓으며 때를 기다리도록 하겠습니다. 그럼 이만 물러가겠습니다. 부디 옥체 강건하소서.”

“아니 자고 가지 않고?”

“아닙니다. 저희는 또 갈 데가 있어서.”

자신들도 쫓기는 몸이라 부담을 주고 싶지 않았는지 두 사람은 일어나 큰절을 올리며 방문을 나섰다. 덕명이 따라 나와 두 사람의 그림자가 보이지 않을 때까지 달빛 아래 서 있었다.

[33] 수운의 수제자 5인 중 한 사람으로 꼽혔다. 수운과 함께 잡혀서 절해고도에 종신 유배간 것
으로 되어 있으나 의아스럽게도 심문기록이 없다. 일설에는 뇌물을 바치고 풀려나 어디론
가 사라졌다고 한다. 이 소설에서는 이런 점에 착안해서 최자원을 해월과는 입장을 달리하
는 급진적 노선으로 설정했다.

[34] 서장옥은 수운 최제우가 남원 은적암에 은둔하는 동안 만난 동승(童僧)으로 후에 최시형
과 함께 동학을 이끈 대표적인 지도자가 되었다. 그는 동학의 양대 조직 중 하나인 남접(南
接)의 대도주(大道主)로서 삼례집회를 비롯한 동학도들의 집단적 교조신원운동을 주도하
였다.

[35] 해월에 대한 호칭. 북접 대도주라고도 불렀다.

9

—

용천검

다시 봄이 왔다. 해 질 무렵 덕명의 집 뒤 공터에서 '휙휙' 하며 검을 휘두르는 소리가 커지기 시작했다. 덕명은 새로 들어온 아이에게 칼 잡는 법과 보법을 가르치고 있었다. 그때 그 광경을 멀리서 유심히 지켜보는 자가 있었다. 나이는 40세 정도, 검은 무사복을 입고 허리에는 긴 칼을 찼으며 팔뚝엔 초승달 모양의 문신이 새겨져 있었다.

미나모토 히로시, 한때 최고의 사무라이였으나 메이지유신(1868년) 이후 바쿠후(막부, 幕府) 체제가 막을 내리고, 급기야 1867년 칼의 휴대를 금지한 폐도령이 내려지면서 사무라이의 특권마저 사라지자 육군 간부로 갈 기회를 마다하고 사무라이의 마지막 자존심을 지키기 위해 조선행을 택한 인물이었다. 일본은 메이지유신 이후 조선을 호시탐탐 노리면서 조선에 대한 정탐과 지리조사, 요인 암살을 위해 이들 사무라이를 이용했다.

그렇게 해서 만든 특별부대가 '미카즈키' 즉 초승달 부대였다. 이름을 '미카즈키'로 한 이유는 이들 팔뚝에 초승달 문신을 새겼기 때문이었다. 미나모토 히로시, 그는 초승달 부대의 대장이었다. 그는 주로 조선의 검객들을 찾아 제거하는 임무를 맡고 있었다. 임진왜란의 실패를 거울삼아 의병의 싹을 미리 없애려 했다. 여기에는 미나모토 개인의 야심, 즉 검으로 일본을 넘어 조선에까지 최고가 되고 싶은 야심, 그리고 검을 지키고 싶은 열망도 있었다. 일본에서 검은 이미 바쿠후 체제의 몰락과 함께 청산해야 할 유산이었기 때문이다. 메이지유신의 새로운 시대에 도태되지 않으면서도 검을 지킬 수 있는 길이 바로 조선행이었다.

덕명이 저녁을 먹고 사랑방으로 막 들어가려 할 때, 뒤 담장의 검은 그림자가 살며시 사립문 앞으로 와서 덕명의 방으로 뭔가를 날렸다. 방문에 '퍽' 하는 소리를 내며 깊이 박힌 것은 날이 시퍼런 단도였다. 단도에는 종잇조각이 매여져 있었다. 수운이 놀라서 방문을 조심스레 열고 주변을 살핀 후 박힌 단도를 뽑아 종잇조각을 펼쳤다.

내일 아침 동이 틀 무렵 저수지 서쪽 송림에서 보자.
칼을 들고 나와라. 만일 나오지 않는다면 귀여운 딸을 다시는
보지 못할 것이다.

글을 다 읽은 덕명의 손이 파르르 떨렸다. 눈에는 노기가 가득했

다. 방문을 박차고 안채로 날듯이 뛰어가 연수를 불렀다.

"설이는 어디 갔소?"

"아랫마을 나갔다가 아직 안 들어왔어요. 왜 그러세요?"

연수는 바느질하다가 덕명의 놀란 모습에 의아해하면서 대답했다.

"아니, 지금 시간이 몇 신데 아직 안 들어왔단 말이오?"

덕명의 목소리가 날카롭게 찢어졌다.

"너무 걱정 마셔요. 걔가 어디 가서 맞고 다닐 아이도 아니고. 막대기 하나만 잡으면 웬만한 사내 두세 명도 가볍게 제압하는 아이인데."

"그렇긴 해도, 아직 고수에겐 턱도 없는 실력이오. 이걸 보시오."

덕명은 종잇조각을 연수에게 건넸다.

"아니, 이, 이게 무슨 내용이에요? 설이를 납치했다는 거예요?"

연수가 말을 더듬으며 얼굴이 굳어졌다.

"아직 모르겠소. 하지만 뭔가 심상치 않소. 내가 마을로 내려가 찾아봐야겠소."

"저도 같이 가요. 저 혼자 무서워요."

"빨리 채비하고 나오시오."

두 사람은 걸음을 재촉하며 아랫마을에 내려가서 갈만한 데를 다 찾아보았지만 찾을 수 없었다. 마지막으로 본 사람은 정순이었다는데 같이 놀다가 해가 지면서 헤어졌다고 했다. 할 수 없이 집에 돌아온 두 사람은 뜬눈으로 밤을 지새웠다. 새벽에 잠깐 눈을 붙였다가 깬 덕명은 연수와 아침 맑은 물을 모시면서 이 상황을 어떻게 받아들여야 할지를 깊이 생각했다. 감정이 가라앉고 마음이 고요해지자 안에서 목소리가 들리는 듯했다.

'그 사람의 마음을 들여다보라.'

덕명은 내면에서 그런 영감을 받고 편지를 보낸 그 사무라이의 마음을 가슴으로 느껴보았다. 메마르고 강한 살기가 느껴졌다. 칼에 대한 높은 자부심도 느껴졌다. 그러나 그 내면엔 허한 외로움이 있었다. 한때는 칼로써 불의를 베고 백성들을 위해 더 좋은 세상을 만들겠다는 포부도 느껴졌다. 하지만 시대를 잘못 만나 구세력으로 치부되어 청산의 대상이 된 안타까움, 억울함도 느껴졌다. 비록 지금 남의 나라에 와서 자신이 미처 펴지 못한 힘을 왜곡해서 펴고 있을지언정 본래 마음은 의로운 사람이었다. 자기가 믿는 가치를 끝까지 지키려는 올곧은 사람이라는 것이 느껴졌다. 어떤 점에선 덕명과 비슷한 점도 많은 사람이었다. 어젯밤의 그 분노와 적대감이 사라지고 강한 동질감과 연민이 느껴졌다.

깊은 생각을 끝낼 무렵 창밖으로 동이 터 오고 있었다. 덕명은 연수가 차려준 아침을 든든히 먹고는 칼을 집어 들고 방을 나섰다. 연수가 나가려는 덕명의 등을 아무 말 없이 꼭 끌어안았다. 깊은 사랑이 느껴졌다. 무엇보다도 큰 힘이었다.

"걱정하지 말아요. 무사히 돌아올 것이오."

"네, 그럼요. 걱정 안 해요. 잘 다녀오셔요."

덕명이 연수의 두 손을 꼭 잡아 주고 나서 사립문을 나섰다. 들판은 온갖 꽃으로 아름답게 물들어 있었고 여기저기 꽃씨가 날리고 있었다.

송림에 이르자 40쯤 되어 보이는 검은 무사복을 입은 남자가 저승사자처럼 서 있었다. 옆에는 설이가 나무에 밧줄로 묶여 있었다.

"설아, 괜찮으냐?"

설이가 고개를 끄덕였다. 입은 헝겊으로 막혀 있고 눈은 벌겋게 부어 있었다.

"난 덕명이라고 하오. 뉘신데 이리도 무례하시오?"

덕명의 음성에서 위엄이 느껴졌다. 미나모토는 덕명이 분노에 차 욕설이라도 하며 덤벼들 줄 알았는데, 의외로 차분하면서도 위엄 있게 나오자 속으로 움찔하며 설이를 납치한 것에 대해 부끄러운 마음이 들었다.

"미안하오. 딸을 납치한 건 본의가 아니었소. 다만 대결에 응하지 않을까 봐 그랬을 뿐 손끝 하나 건드리지 않았으니 안심하시오."

자신도 모르게 말이 공손하게 나왔다. 그동안 스무 번도 넘게 대결하면서 이런 적은 처음이었다.

"그래 무슨 볼일이시오?"

"나는 대일본제국에서 온 미나모토라고 하오. 검으로 대결을 원하오."

"난 검객이 아니오. 보다시피 다 늙은 촌로에 불과하오. 그저 아이들에게 몸 공부 차원에서 검무를 가르치고 있을 뿐이오."

"이 근방을 지나다가 이곳에 실력자가 있다고 하여 온 것이니 피하지 말고 자웅을 겨뤄 봅시다. 어서 검을 뽑으시오!"

"이유가 무엇이오?"

"무슨 이유 말입니까?"

"생명보다 소중한 것은 없소. 목숨을 걸어야 한다면 마땅히 이유가 있어야 하는 법 아니겠소?"

미나모토가 갑자기 말문이 막혔다.

"무엇을 위해 칼을 들었는가 말이오?"

"나는 대일본제국의 번영을 위해 칼을 들었소."

미나모토의 말이 떨렸다.

"당신 나라의 번영은 우리 백성의 피 값으로만 가능한 것이오?"

미나모토는 다시 말문이 막혔다.

"당신에게 검은 무엇이오?"

"검은 나의 전부요. 나의 목숨과 같은 것이오."

"본디 검이란 소중한 것을 지키기 위해 드는 것이오. 검 자체가 지켜야 하는 것이 되어서는 안 되오."

"소중한 것을 지키기 위해 드는 것이라고?"

"그렇소. 조선의 검은 사람을 죽이기 위해 들지 않소. 사람을 살려야 할 때만 드는 것이오. 당신도 처음엔 불의를 베기 위해 칼을 들었을 텐데 어느새 칼을 위해 칼을 드는 사람이 되지는 않았는지 생각해 보시오."

미나모토는 크게 한 방 맞은 듯했다. '과연 나는 무엇을 위해 지금까지 칼을 든 것인가? 왜 이 먼 곳까지 와서 칼에 피를 묻히고 있는 것인가'라는 근본적인 질문이 올라왔다.

"당신의 칼을 보고 싶소."

덕명이 칼집에서 칼을 꺼냈다. 미나모토가 다시 한번 놀랐다. 칼에 칼날이 없었기 때문이다. 앞뒤가 다 뭉툭했다.

"아니 칼날이 없는 칼로 뭘 하겠단 말이오?"

"말했잖소. 사람을 베기 위한 것이 아니라고. 내 칼은 내면의 탐욕을 베고 하늘의 기운을 받기 위한 것이오."

"칼 이름이 무엇이오?"

"용천검이라 하오."

"한번 볼 수 있소? 사람을 살리는 칼이 어떤 것이지."

"좋소."

덕명이 칼을 다시 칼집에 넣고 반듯한 자세로 섰다. 잠시 눈을 감고 기운을 모으는가 하더니 '지기금지원위대강'[36]를 크게 외치면서 칼을 칼집에서 빼 들었다. 몸이 위로 솟구치는가 하더니 크게 한 바퀴 휘돌면서 우로 내리치고 다시 반대로 휘감아 돌면서 좌로 내려쳤다. 어디선가 회오리바람이 일렁이는 듯했다. 춤을 추듯이 앞뒤 좌우로 빠르게 옮기면서 그 회전력을 이용해서 좌로 베고 잠시 멈췄다가 머리 위를 막으면서 우로 베고, 다시 막음과 동시에 정면 내리치고 돌면서 수평 베고 다시 한 바퀴 돌면서 우베기를 하는가 했더니, 발로 소나무를 차고 올라 한 바퀴를 돌면서 칼을 사방으로 휘둘렀다. 솔잎이 떨어지면서 산산이 흩어졌다. 검을 휘두를수록 속도가 빨라졌으며, 검이 더 묵직해지는 느낌이 들었다. 다시 한번 '지기금지원위대강'을 크게 소리쳤다. 몸이 떨리는가 싶더니, 잡고 있던 칼이 같이 떨면서 울기 시작했다. 바야흐로 하늘의 기운이 내린 듯했다. 실로 오랜만이었다. 지켜보고 있던 미나모토의 얼굴이 상기되기 시작했다. 덕명의 발이 더 빨라졌다. 발걸음을 빠르게 옮기니 땅이 진동하고, 휘감아 돌면서 좌우 베기를 하니 마치 폭풍우가 몰려오는 듯했다. 한 자를 뛰어올라 수평으로 숲의 공기를 베니 모든 소나무 가지가 떨고, 정면으로 내리치니 하늘이 갈라지는 듯했다.

'용천검 날랜 칼은 일월을 희롱하고 게으른 무수장삼 우주에 덮여 있네.'

칼의 춤과 노래가 숲을 가득 채웠다. 온 산의 새들이 일제히 지저

135

용천검

9

귀고, 멀리서 짐승들이 울부짖었다. 미나모토는 할 말을 잃은 듯 멍한 표정을 지었다.

"놀랍소! 이런 기운찬 검무는 처음이오. 당신의 검무를 보고 나니 갑자기 기운이 탁 풀리면서 싸울 의욕을 잃고, 나 자신이 한없이 초라하고 비참하게 느껴지오. '나는 그동안 무엇을 위해 칼을 들었던 것일까'라는 생각이 듭니다. 나는 오늘 진정으로 조선의 검을 보았소."

"돌아가시오. 이제부터는 사람을 살리는 일에만 칼을 쓰시오. 소중한 것을 지키기 위해서만 말이오."

수운의 목소리에도 쇳소리가 나는 듯 깊은 울림이 느껴졌다. 미나모토도 진심으로 감격한 듯 묵례를 하고는 무언가에 사로잡힌 사람처럼 넋이 나가 조용히 사라졌다. 그때까지도 덕명의 검은 울고 있었다. 숲도 울고 설이도 울었다. 덕명은 그 자리에 오랫동안 서 있었다.

[36] '하늘의 지극한 기운을 지금 크게 내려주소서'라는 뜻의 동학 주문이다.

10

혼인

설이는 어느덧 열일곱 살이 되었다. 덕명은 계속 동네 아이들을 가르치고, 농사도 짓고, 틈나는 대로 용천검을 단련하면서 평온한 나날을 보냈다. 하지만 세상은 갈수록 혼란해지고 있었다. 얼마 전에는 개화파 인사들이 정변을 일으켰다가 실패해서 죽임을 당하고 몇 명은 일본으로 망명했다는 소식이 들렸다. 이후 일본과 청(淸)나라의 조정 간섭이 심해져 나라 꼴이 말이 아니라는 이야기가 촌로들 사이에서도 오갔다. 청나라에 기대어 정권을 잡은 민 씨 정권은 무능할 뿐만 아니라 부패하기까지 하여 외국에 운항권, 어채권, 광산개발권 등 이권을 팔아 착복하고 또 매관매직으로 벼슬을 팔아 뇌물을 챙겼다. 지방 수령들은 돈을 주고 벼슬을 산 뒤 재물을 착복하거나 백성들에게 온갖 구실로 수탈을 일삼았다. 착취와 학정으로 견딜 수 없게 된 백성들의 원한은 하늘에 사무쳤다.

열일곱 살이 된 설이에게는 몇 년 전부터 여러 곳에서 혼처가 들어왔다. 하지만 설이는 단호하게 고개를 흔들었다. 혼례를 올리고 가정을 꾸미는 것보다는 세상에 대한 관심이 더 많았다. 그동안 사서삼경은 물론 노자, 장자 등의 도가서, 온갖 불교의 경전들을 두루 읽고 검술에 가야금까지 못 하는 게 없었지만 설이가 막상 세상에서 할 수 있는 일은 별로 없었다. 남자아이였다면 또 모를 일이지만 평민 신분의 여자아이가 할 수 있는 일은 많지 않았다. 나이가 들수록 설이는 무엇을 하고 살아야 할지 막막했다. 양반으로 태어나지 못한 것이, 남자로 태어나지 못한 것이 원망스럽기도 했다. 공부하면 뭣하고, 칼을 배우면 뭣하나? 아버지는 늘 모든 존재를 공경하라고 하지만 설이는 맘에 안 드는 모든 존재를 싹둑 칼로 베어 버리고 싶었다. 특히 백성들의 고혈을 빨아먹는 지방 수령들과 중앙의 권귀들을 쫓아가 단숨에 베어 버리고 싶었다. 설이는 몇 번이고 집을 뛰쳐나가려고 했다. 하지만 실행하지는 못했다. 점점 아버지가 답답해지고 대드는 질문이 많아지긴 했지만 그래도 세상에서 가장 존경하는 스승이기도 했다. 또한, 점점 백발이 되어 가는 아버지가 안쓰럽기도 했다. 차마 그런 아버지를 두고 떠날 수가 없었다. 한번은 그런 심정을 내비치니 덕명이 말했다.

"설아, 네 심정을 잘 안다. 이 아비가 왜 모르겠느냐? 나도 네 나이에 가슴이 불덩이가 되는 것 같아 도저히 집에 가만히 앉아 있을 수가 없었다. 그래서 10년이나 장사를 핑계로 주유천하를 했지. 그 10년 동안 책에서 배울 수 없는 것들을 참으로 많이 배웠다. 네 심정을 왜 모르겠느냐."

"아버지, 그러면 저도 세상 구경 좀 하게 해주세요. 저는 뭘 하고 살아야 할지 도대체 모르겠어요. 남들처럼 그냥 혼인해서 애 낳고 사는 건 싫어요."

설이 덕명의 손목을 잡고 애원하듯 말했다.

"가정을 이뤄 부부가 화목한 것이 가장 큰 공부요, 아이를 낳아 잘 기르는 일이야말로 가장 큰 일이다."

덕명은 설이의 눈을 안타까이 쳐다보며 말했지만, 설이의 귀에는 그 말이 들리지 않았다. 이제는 아버지가 무슨 말을 해도 그냥 흘러가는 물처럼 들렸다.

"하지만 그럴려고 저에게 공부 가르치신 건 아니잖아요."

"그래. 난 너에게 어떻게 살아야 하는지를 가르쳤다. 만나는 모든 존재를 소중하게 대하고, 모든 일에 정성을 쏟는 삶의 자세, 그리고 마음을 텅 비우고 세상을 가슴으로 마주하는 법을 가르쳤다. 하지만 무엇을 할지는 네 몫이다."

"하지만 아버지, 무엇을 해야 할지 모르겠다는 게 문제예요."

"네 안으로 들어가 가슴의 목소리를 들어 보렴."

덕명이 안타까운 심정으로 딸의 눈을 바라보았다.

"가만히 앉아 있는 게 잘 안돼요. 예전엔 몇 시간이고 앉아 있었는데, 이제는 앉아 있어도 딴 생각만 들어요. 그러니 아버지 저도 세상

구경 좀 하게 해 주세요."

설이가 애원하듯 말했다.

"네 심정은 알겠다. 정 그러면 혼인을 하고 떠나려무나. 나는 개의치 않는다만 아직 세상은 남녀의 구별이 엄격하니 어쩌겠니?"

"혼인하면 떠나는 걸 허락해 주실 거예요?"

"그래. 대신 같이 떠나야 한다."

덕명은 설의 마음을 더는 붙잡을 수 없다는 걸 알고 조건부로 허락을 했다. 그 길로 설은 뛸 듯이 마을로 내려가 아버지를 도와 소를 잡는 종서를 불러내 다짜고짜 물었다.

"야! 종서, 너 나한테 장가와라."

"뭐, 뭐라고? 내가 왜 너, 너한테 장가가냐?"

갑작스러운 설의 도발에 종서는 좋으면서도 설이가 또 무슨 장난을 치는 줄 알고 내심 경계하며 대꾸했다. 그동안 종서는 완전 설이의 밥이었다. 검술 시합의 좋은 짝이기도 했지만 종서는 매번 설이에게 졌다. 설이 앞에만 서면 다리가 얼어붙는 듯했다. 목검에 매번 두들겨 맞으면서도 설과 함께라면 무엇이라도 좋았다.

"너! 나 좋아하는 거 다 알아. 그러니 잔말 말고 따라와."

"야! 내가 언제?"

얼굴이 붉어진 종서의 말이 다 끝나기도 전에 설이는 그의 팔목을 잡아 채고 큰 걸음으로 마을 길을 올라 집으로 향했다.

"아버지, 저 종서랑 혼인할래요."

집에 들어서자마자 설이 큰 소리로 말했다.

"뭐라고? 그렇게 선을 보라고 해도 안 보더니만 뭐? 혼례를 한다고?"

연수가 부엌에서 밥을 짓다가 그 소리를 듣고 나와서 어이가 없는 듯 밥주걱을 휘둘렀다.

"왜요. 안되나요? 그렇게 시집가라고 아우성이시더니 왜 종서는 백정의 아들이라 안 되나요?"

설이가 어머니의 밥주걱을 이리저리 피하면서 도발적으로 물었다.

"아, 아니 그게 아니라 갑작스레 그러니 그렇지. 아이고, 설이 아버지요, 뭐라고 말씀 좀 해 보셔요."

연수가 덕명을 바라보며 공을 넘겼다.

"설아! 빨리도 구해 왔구나. 그래 네가 좋으면 해라. 종서 정도면 훌륭한 사윗감이지. 아무렴. 훌륭하고 말고."

"아이고, 무슨 소리예요? 암만 그래도 내 귀한 딸을 백정의 자식에겐 못 줍니다."

연수가 절대 안 된다고 손사래를 쳤다.

"설아, 어머니 말씀도 일리는 있다. 너무 급한 결정 같구나. 보아하니 종서는 얼떨결에 끌려온 듯한데. 혼인이야말로 일생일대의 가장 중대사이다. 시간을 갖고 좀 더 깊이 생각하렴. 백일의 기한을 줄 테니 둘이서 많은 이야기도 나누고 혼인 이후에 어떻게 살지도 상의 해 보고, 그러고 나서 백일 후에 너희들의 결정에 따르도록 하겠다. 여보 그렇게 하면 어떻겠소?"

"난 모르겠습니다. 알아서들 하셔요."

연수가 여전히 못마땅한 말투로 대답하며 부엌으로 사라졌다.

덕명은 일단 종서를 내려보내고 설을 방으로 들어오게 한 다음 조용히 물었다.

"설아, 오늘 네 행동을 보고 이 아비는 무척 당황스럽구나. 난 언 제든 네 선택을 존중해 왔다. 그리고 이 아비의 가장 큰 소망은 네가 늘 행복한 것이다. 그런데 오늘 네 선택은 혹시라도 충동적인 것은 아니었니?"

"……."

"난 네가 정말 종서가 좋아서 혼례를 하겠다는 건지 아니면 집을 떠나기 위해 종서를 이용하는 건지가 궁금하구나? 만약 네가 종서를 좋아해서 하는 거라면 난 얼마든지 축복해 줄 수가 있다. 그렇지 않 다면 혼인이 더 큰 족쇄가 될 수도 있음이야."

설은 한동안 생각에 잠겨 있다가 힘들게 입을 열었다.

"아버지, 죄송해요. 오늘 행동이 그렇게 보인 것도 당연하다고 생 각해요. 종서에 대한 감정이 사무치는 그리움과 연정 같은 것은 아닐

지도 모르겠어요. 하지만 좋아하는 건 사실이에요. 아시잖아요. 비록 백정의 아들이지만 속도 깊고 신실하고 의리도 있고, 그리고 저의 가장 좋은 친구이자 도반이기도 하고요. 종서가 옆에 있으면 든든하고 평생 서로를 위하며 살 수 있을 것 같아요."

"그래, 종서의 사람됨이야 내가 잘 알지. 하긴 사무치는 그리움 같은 감정만이 사랑인 것은 아니다. 외려 그런 감정은 자기 결핍에서 오는 소유욕일 가능성이 더 커. 진정한 사랑은 소유적 충동과 집착이 아니라 서로가 온전한 주체로서 서로의 성장을 돕고, 각자의 꿈을 이뤄 주는 것이야. 그런 점에서 종서는 좋은 반려자이자 도반일 수 있겠구나."

"이해해 주셔서 감사해요, 아버지."

"그래, 하지만 혼인 후에 어떻게 살아갈지도 많은 이야기를 나눠야 한다. 그리고 사랑이란 감정은 키워 나가는 거란다. 마음에 하늘님을 모시듯 사랑도 그렇게 소중히 키워 나가야 한단다. 아무리 사랑을 가지고 혼인을 해도 화목하며 살기가 얼마나 힘든지 아니? 세상에 가장 힘든 것이 부부화순이다. 늘 상대의 마음을 깊이 살피고 존중해야 한다. 그렇게 해도 참으로 쉽지 않은 게 부부화순이야. 유교에서 말하듯이 여자가 무조건 순종하라는 얘기가 아니다. 한쪽이 일방적으로 희생하는 것은 참다운 삶이 아니다. 믿어 주고 응원하면서 서로의 꽃을 피울 수 있도록 도와야 한단다. 설아!"

"네 알겠어요, 아버지. 두 분처럼만 서로를 잘 받들면 되겠지요? 그럼 저 내일부터 열심히 연애할게요. 좀 늦게 들어와도 용서해 주세요. 호호호."

"하하하. 이런 고얀."

덕명은 웃으면서 눈에 넣어도 아프지 않을 딸을, 하지만 이제 곧 떠나보내야 할 딸을 가슴 아리게 바라보았다. 이제 안방으로 건너가서 연수의 마음을 달래야 할 일이 남았다. 어느덧 밤이 깊어 가고 있었다.

11

주유천하

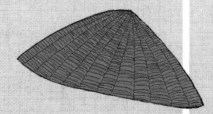

백일이 지나고 감이 무르익어 땅에 떨어지기 시작하는 그해 가을, 설이와 종서는 간소하게 혼례를 올렸다. 첫날밤을 신부 집에서 보내고 이튿날 두 사람은 바로 주유의 길에 올랐다. 연수는 딸이 멀지 않은 곳에서 남편의 사랑을 받으며 아기 낳고 평범하게 살았으면 했지만, 혼례 올린 다음 날 먼 길을 떠난다고 하니 끝내 마뜩잖았다. 하지만 그게 딸의 행복이겠거니 하며 애써 미소를 지었다. 덕명은 떠나는 두 사람에게 그동안 모은 노잣돈과 편지 한 장을 써 주면서 물었다.

"그래, 갈 곳은 생각했느냐?"

"그냥 발길 닿는 곳으로 가 볼 생각이에요."

"그래, 마음 내키는 대로 흘러 다니다가 혹시 갈 곳이 마땅치 않거든 이 편지에 적힌 스승들을 찾아가 보도록 해라. 세상엔 좋은 스승이 많이 계시단다. 의술도 배우고, 검술과 무예도 더 배우고, 천문 지리, 그리고 집 짓는 것도 배우면 좋겠구나."

"네, 알겠어요. 아버지, 감사해요."

"부디 몸 건강해라."

연수가 딸의 손을 맞잡고 눈물을 글썽였다.

"네, 어머니도 건강하시어요."

두 사람은 큰절을 올린 다음 배낭을 메고 길을 나섰다. 두 사람은 편지를 열어 보고 나서 제일 먼저 원주에 사는 목수를 찾아가기로 했다. 그렇게 원주 문막의 목수 박순제의 집에 도착했다. 순제는 주로 궁궐과 큰 사찰을 짓던 대목[37]이었다. 하지만 지금은 그런 일들은 제자들에게 맡기고 자신은 허물어져 가는 초가집을 고쳐 주는 일을 소일거리 삼아 살고 있었다.

설이와 종서는 대목수의 집이라 큰 기와집일 줄 알았는데, 의외로 소박하고 크지 않은 너와집이라 조금 놀랐다. 하지만 자세히 보면 작은 것 하나하나에도 섬세하게 정성이 들어가 있는 걸 알 수 있었다. 나무와 흙, 그리고 돌을 잘 섞어 벽을 세우고, 기둥과 문틀도 나무 본래의 무늬와 느낌을 살리면서 주변과 조화를 이루었다. 작은 연못과 예쁜 꽃들로 어우러진 정원도 너무 아름다웠다. 연못은 산에서 내려오는 물이 자연스럽게 흘러들어 와서 다시 흘러 나가게 되어 있었다. 연못에는 마침 흰 수련이 피어 있었다. 전체적으로 소박하지만 편안하고 오래 머물고 싶은 정말 예쁜 집이었다. 설과 종서는 순제에게 큰절을 올리고 아버지의 편지를 전했다.

순제는 편지를 보며 나직이 중얼거렸다.

"죽은 줄 알았는데 살아 있었군 그래."

"네?"

"아, 아닐세. 잘 왔네. 그 친구 하도 소식이 없어서 죽은 줄 알았다고 하하하. 이제 자네들 집이라 생각하고 머물고 싶은 만큼 있다 가시게."

"고맙습니다, 어르신."

이튿날부터 두 사람은 순제를 따라서 가난한 사람들의 초가집과 흙집 등을 고쳐 주는 일을 도왔다. 며칠씩, 어떨 땐 한두 달씩 걸렸다. 때론 완전히 허물고 다시 짓다시피 해야 하는 때도 있었지만 순제는 돈을 한 푼도 받지 않았다. 고친 집은 완전 새집이 되었다. 무엇보다도 순제는 주부의 공간인 부엌을 쓰기 편하게 고쳐 주었다. 찬장을 만들고, 선반을 달고, 땔감 공간을 따로 만들고, 또 아궁이 앞에 의자도 만들어 주고, 요리를 할 수 있는 탁자도 새로 짜 주었다. 집의 부인이 너무 감동하면서 어쩔 줄 몰라 하면 순제는 너털웃음을 지으며 이렇게 말할 뿐이었다.

"그저 이 집에서 오래오래 서로 아끼면서 행복하게 사세요. 그게 제게 보답하는 겁니다."

설이 물었다.

"돈을 한 푼도 안 받으시면 어떡해요?"

"내가 사용하는 재료는 나무와 흙과 돌이 전부야. 다 자연에서 거저 얻은 것인데 어떻게 돈을 받겠니. 대자연은 우리에게 그것들을 거저 주시는 것 아니니?"

"그건 그러네요. 그래도 수고비는 받으셔야 하는 것 아니에요?"

이번에는 종서가 물었다.

"난 가난한 백성들을 도울 수 있는 것만으로도 기쁘단다. 그것으로 충분해. 가끔 쌀 한 되나 감자, 잘 익은 호박 하나쯤은 나도 기쁘게 받는단다. 그걸로 내 한 몸 먹는 건 충분해."

"왜 요즘은 큰 기와집 안 지으시고, 이렇게 돈도 안 되는 일을 하셔요? 저희 아버지는 제가 기와집 짓는 거 배워서 돈 많이 벌라고 보내신 것 같은데. 호호호."

설이 웃으며 농담을 하였다.

"예끼 이 녀석, 하하하. 그래 나도 한때는 양반들에게 고래등 같은 기와집 지어 주고 돈 많이 벌었지. 기생집에서 많이 쓰기도 했고. 하지만 어느 순간 그게 다 부질없더구나. 집이란 크고 화려하다고 다 좋은 게 아니란 걸 알았지. 그 안에 사는 사람들이 얼마나 서로 아끼며 건강하고 화목하게 사느냐가 더 중요한 것이지. 난 그런 집을 짓고 싶었다. 내가 지은 집에서 사는 사람들이 진정 행복할 수 있는 그런 집을, 그런 좋은 기운을 가진 소박한 집을 짓고 싶은 게 나의 꿈이 되었단다."

"스승님, 저희도 그런 집을 직접 지어서 살고 싶어요."

"그래, 그러려무나. 근처에 작은 땅을 하나 줄 테니 너희들만의 집을 하나 지어 보도록 해라."

그리하여 두 사람은 그다음 날부터 작은 흙집을 하나 짓기 시작했다. 육 개월 만에 소담한 집을 하나 지었다. 기역 모양의 구조에 안채와 사랑채를 짓고 대청마루를 넓게 뺐다. 지붕은 초가로 얹고 돌담을 쌓고 작은 연못을 파고 그 옆에 오동나무와 매화나무를 심었다. 직접 지은 집에서 처음으로 아궁이에 불을 때 밥을 지었다. 굴뚝으로 연기가 오르는 것을 보며 밥을 먹으니 그 행복감은 이루 말할 수 없었다. 뒤란에는 오죽을 심고 텃밭을 만들어 채소를 가꿔 먹었다. 그 집에서 계절의 변화를 두 번 겪으며 순제의 일도 거들고 남는 시간에는 틈틈이 수련도 하고 검술도 익혔다. 그렇게 원주에 머문 지 삼 년이 되자 이제 다른 배움을 향해 떠날 때가 되었다는 생각이 들었다. 그래서 순제에게 하직 인사를 하고 다음 스승을 만나기 위해 남원으로 향했다.

열흘을 걸어서 남원 교룡산 아래에 사는 인동 선생을 찾았다. 그런데 선생은 이미 작고하고 제자인 석두가 뒤를 이어 의술을 펼치고 있었다. 두 사람은 석두에게 자초지종을 설명하고 의술을 배우고 싶다고 청했다. 석두는 그렇지 않아도 일손이 모자랐다며 환영했다. 순제가 자상하고 온화한 성품이었다면 석두는 투박하고 담백했으며 거침없는 성격이었다. 석두(石頭)는 늘 자신이 이름 그대로 '돌머리'라서 복잡한 걸 싫어하고 단순한 걸 좋아한다고 했다. 그리고 자신의 의술도 그와 같이 단순함을 강조했다.

"병은 의원이 고치는 게 아닐세."

"의원이 고치는 게 아니면 누가 고친단 말씀이세요?"

설이 물었다.

"병은 스스로 고치는 거라네."

"무슨 말씀이신지요?"

종서가 물었다.

"병은 왜 생기는가?"

"네?"

"병은 왜 생기는가 말일세. 멀쩡하던 몸에 병이 생기는 원인이 뭔가 말일세?"

"……"

"병이 생기는 것도 자연스러운 현상이지 않나? 무슨 특별한 약을 먹어야 병이 생기는 게 아니지. 병이란 몸에 기의 균형이 깨어졌을 때 생기는 것이야. 먹는 것이 고르지 못하거나 잠을 제대로 못 자거나 과로하거나 과음하거나 걱정이 많거나 할 때 생기는 것이지. 병이 생기는 것이 자연의 현상이라면 병이 낫는 것도 자연의 현상 아니겠나. 꼭 약을 써야 하는 게 아니지 않겠나? 병을 생기게 한 원인을 되돌리면 저절로 낫는 것일세."

"그렇군요. 병을 생기게 한 원인을 되돌려 기의 균형을 바로 잡으면 되는 거군요?"

"그렇다네. 물론 약이 필요할 때도 있고, 침이나 뜸이 도움이 될 때도 있어. 그리고 정말 급한 경우에는 배를 갈라야 할 때도 있는 법이야. 하지만 대부분은 약이나 침, 뜸도 필요 없다네. 정말 명의는 약을 쓰지 않고 스스로 생활 습관을 바로잡도록 하고, 기운을 바르게 하도록 도와서 병을 낫게 하지. 그리고 그게 되려면 마음을 먼저 고쳐먹어야 하는 게지. 결국, 치유는 마음을 고치는 게 근본적 치유라네. 그래서 정작 명의는 사람들이 명의인 줄도 모른다지 않나? 하하하."

"그럼, 침 뜸이나 약은 배울 필요가 없나요?"

"그건 아니지. 당연히 배워야지. 결국, 병을 낫게 하는 건 자신이지만 생활 습관을 바꾸기도 쉽지 않고, 마음 바꾸는 건 더 어렵지 않던가? 이치를 이해하고 적극적으로 받아들여 스스로 마음과 기운을 다스리고 생활 습관을 고치면 한 달 안에 못 나을 병이 없지만 보통 사람은 이런 이치를 알려 줘도 받아들이지 못해. 안 받아들여서 스스로 못한다고 내팽개칠 수는 없지 않겠나? 그리고 아주 급한 때도 있어. 그러면 침 뜸으로 기운의 막힌 곳을 뚫어 주고, 약으로써 몸의 기운을 보충하고 바로잡아 줘야 하네. 모든 일에는 근본과 말단이 있어.

그것을 분명히 알고 때에 맞게 쓸 수 있어야 명의가 되는 것이지.”

“무슨 말씀인지 알겠어요. 열심히 배우겠습니다, 스승님.”

두 사람은 석두를 도와 하루에도 수십 명이 넘는 병자를 돌봐야 했다. 많을 때는 백 명이 넘을 때도 있었다. 대부분은 주변에서 쉽게 구할 수 있는 질경이와 쑥 같은 것을 캐서 달여 먹으라고 처방했다. 아주 간혹 비싼 약재를 처방하고 침과 뜸을 놓기도 했지만, 그럴 때도 몸의 균형을 잡는 생활 습관과 도인술[38]을 가르쳐 주고 스스로 몸을 다스릴 수 있도록 했다.

“몸을 소중히 대해야 합니다. 그동안 몸을 너무 함부로 해서 생긴 병이에요. 아침저녁으로 일어날 때와 잠잘 때 몸의 불편한 부분을 느껴 보세요. 그 불편한 느낌을 알아차려 주는 게 몸을 소중히 대하는 첫걸음이에요. 그리고 그 느낌을 미안하고 따뜻한 마음으로 바라봐 주세요. 사랑은 오래도록 바라보는 거예요. 사랑하는 연인에게 하듯이 몸의 불편한 감각을 느끼고 바라봐 주세요. 그러면 그 부분이 조금씩 풀리고 스스로 기운을 회복합니다.”

석두는 침을 놓으면서도 이 말을 잊지 않고 해 줬다.

설이와 종서는 그곳에 삼 년을 머물면서 침과 뜸, 약재를 배우고 처방전 쓰는 법도 배웠다. 그리고 정말 응급할 때 칼로 몸을 여는 방법과 그것을 실로 꿰매고 아물게 하는 모든 과정을 배웠다. 하지만 가장 중요한 것이 ‘마음을 고치고 기운을 바로잡아야 근본적 치유가 가능하다'라는 것임을 늘 되새겼다. 병은 몸이 스스로 고치는 것이다. 의원은 그것을 돕는 역할에 그칠 뿐이었다. 그래서 한없이 더 겸손해 져야 했다. 몸과 마음, 그리고 생명의 신비는 알면 알수록 놀라웠고, 배움은 끝이 없었다. 하지만 이제 다음 배움을 향해 떠날 때가 되었 다. 설과 종서는 그동안의 석두의 가르침에 깊은 감사를 표하면서 눈 물로 작별 인사를 올리고 다시 길을 떠났다.

[37] 큰 목수.

[38] 도교에서 얼굴과 팔다리를 스스로 지압하고, 체조 같은 동작으로 몸의 기혈을 돌리는 일종 의 건강 양생술을 말한다.

12

태평보

덕명의 얼굴은 어느덧 흰 머리와 수염으로 완전히 뒤덮였다. 완연히 노인의 풍모였다. 하지만 눈은 맑고 깊었으며 얼굴빛은 부드러웠다. 연수의 귀밑머리도 조금씩 희어지기 시작했다. 연수는 설을 떠나보내고 한동안 힘들어 했다. 설이를 위해 하루도 기도를 쉬지 않았다. 매일 새벽에 맑은 물을 떠서 설이를 위해 기도했다. 예전엔 덕명이 하라고 해도 그럴 짬을 내지 못할 때가 많았다. 새벽엔 밥하기 바빴고, 저녁엔 몸이 힘들어 앉아 있기 힘들었다. 그런데 이제는 하지 말래도 스스로 하게 되었다.

그렇게 기도한 지 일 년쯤 되자 마음이 편안해지기 시작했다. 점점 앉아 있는 시간이 좋아졌다. 2년이 지나자 굳이 기도하지 않아도 되겠다는 생각이 들었다. 마음으로 생각하면 대략 설이의 상태가 헤아려지기도 했다. 그때부터는 두 사람이 아침저녁으로 마주 앉아서 '시천주' 주문을 나지막이 읊조리는 수련을 하였다. 같이 수련할 때 훨씬 마음이 편안하고 가슴에 기쁨의 거품이 일렁였다. 수련을 마치면 같이 차를 마시고, 두 손을 꼭 잡고 뒷산을 산책하는 날도 많아졌다. 설을 보내고 두 사람만 남게 되니 마치 신혼으로 돌아간 듯 애정이 새록새록 피어났다. 한참을 세상일도 잊고 이러한 행복감에 젖어 있었다. 고을의 새 현감이 부임하기 전까지 태어나서 가장 행복한 시간을 두 사람은 보내고 있었다.

1889년 봄에 새 현감이 부임했다. 조문태라는 사람이었는데 이만 냥을 주고 벼슬을 샀다는 소문이 있었다. 조정은 대원군과 명성황후의 권력 다툼으로 얼룩지고, 이권을 둘러싼 열강의 세력 다툼은 점점 심해지고 있었다. 세도가들은 그 틈을 타서 벼슬 장사를 하고 있었다. 조문태가 부임한 지 백일도 지나지 않아 본전 생각이 났는지 이런저런 명목으로 세금을 가혹하게 거두기 시작했다. 게다가 태평보인가 뭔가 하는 필요도 없는 보를 새로 만든다고 엄청난 세금을 각 집마다 할당했다. 세금을 감당하지 못하는 대부분의 집에서는 부역을 해야 했다. 덕명의 집에도 세금이 떨어졌다. 세금을 낼 형편이 안 된 덕명은 할 수 없이 부역을 나갈 수밖에 없었다. 아침 일찍 나가서 저녁 해가 질 때까지 곡괭이와 삽으로 땅을 파야 했다. 노인이라고 봐주는 것도 없었다. 게다가 여름이 다가오고 있었다. 일하다가 쓰러지는 사람들이 속출했다. 그래도 봐주지 않고 쓰러진 사람을 매질했다. 덕명이 쓰러진 사람을 부축하려고 하자 이번에는 덕명에게 매가 날아왔다. 이건 아니라는 생각이 들었다. 그날 밤 덕명은 제자들과 마을 사람들을 집으로 모았다.

"이렇게 계속 당하고 살 수만은 없지 않겠소?"

"무슨 방도가 있습니까?"

종서 아버지가 물었다.

"방도가 특별히 있는 건 아니지만, 우선 내일 아침 관아에 가서 현감을 면담해 봐야겠소. 왜 필요도 없는 저수지와 보 공사를 대규모로 하느냐고 따져 봐야겠소. 나랑 같이 갈 사람 있소?"

"현감이 만나 주겠습니까? 그리고 우리 같은 천한 백성들 말을 들으려고 하겠소?"

이번엔 은이 아버지가 고개를 저으며 물었다.

"스승님, 저는 따르겠습니다."

의리로 둘째 가라면 서러워할 성오가 자청했다. 아무리 이름을 그냥 부르라고 해도 이미 제자들은 덕명을 '스승님'으로 부르고 있었다.

"스승님, 저도 따르겠습니다. 이래 죽으나 저래 죽으나 매한가지 아닙니까?"

지난번 전염병 때 죽다 살아난 복성이도 나섰다.

이튿날 아침 이리저리 삼사십여 명이 덕명을 따라 관아로 향했다. 관청 앞을 지키는 나졸에게 현감을 만나러 왔다고 하니 나졸이 기가 막힌 듯 껄껄 웃으며, 곤장을 치기 전에 냉큼 돌아가라고 엄포를 놓았다. 덕명이 호통을 치자 그제야 나졸이 덕명의 위엄에 눌려 안으로 황급히 들어가 병방을 데리고 나왔다. 병방이 거만한 걸음으로 나오며 언성을 높였다.

"무슨 일인데 아침부터 이런 소란인가?"

"현감을 뵙게 해 주시오."

"현감 어른은 너희 같은 천한 것들을 상대할 겨를이 없으시다. 좋은 말 할 때 돌아가도록 해라. 그렇지 않으면 물고[39]를 낼 것이다."

병방이 다시 엄포를 놓았다.

"옛글에 '백성이 하늘'이라고 하였소이다. 어찌 백성들을 가벼이 여기시오? 가서 현감께 전하시오. 만나 주지 않으면 여기서 한 걸음도 움직이지 않겠소."

"노인장! 말귀를 못 알아듣는군. 하옥시키기 전에 빨리 물러가시오."

병방이 덕명의 기세에 눌려 자기도 모르게 움찔하며 말했다.

"우리는 현감 어르신을 뵙기 전에는 한 발자국도 물러날 수 없소이다."

덕명이 지팡이를 불끈 쥐면서 눈에 노기를 띠었다. 병방도 물러날 기미가 없었다. 병방은 안에 있던 나졸들을 데리고 나와 두 줄로 관아의 입구를 막았다.

"백성들은 지금 굶주리고 있소. 그런데 필요도 없는 저수지 공사에 세금을 물리고 노역을 시키는 이유가 도대체 무엇이오?"

"난 위에서 시키는 대로 할 뿐이오. 돌아가서 일이나 하시오. 나중에 더 험한 꼴 보지 않으려면!"

뒤에서 "태평보 공사 당장 중단하라"는 고함이 터져 나왔다. 분위기가 여의치 않자 병방이 현감에게 상황을 보고하기 위함인지 안으로 잠시 들어갔다 나왔다. 그리고 말했다.

"사또께서 오늘은 다른 일정이 있어 면담이 어렵다 하니 그만 물러들 가시오. 정 만나 뵈시려거든 다른 날 다시 통보를 넣어서 오도록 하시오."

뒤에서 '우' 하는 야유가 나왔다. 덕명이 잠시 생각하다가 사람들에게 말했다.

"오늘은 이만 돌아갑시다."

사람들을 이끌고 마을로 돌아와서 함께 머리를 맞대었다. 마을 어귀마다 방도 써 붙이고 사람도 더 모아야 한다는 얘기가 나왔다. 그리고 현감께 우리의 요구를 담은 서찰도 전달해야 한다고 했다.

이튿날 아침 마을 어귀에는 방이 걸렸다. 다음과 같은 내용이 적혀 있었다.

　태평보 공사를 당장 중단하라

　우리 백성들은 위로 어진 임금의 덕화를 입어 평화롭게 살고 있었는데 얼마 전 현감의 부임 이후 필요도 없는 태평보 공사를 강행하면서 평화롭던 삶이 무너지고 아름다운 산천이 파헤쳐지고 있다.

농사지어야 할 장정들은 모두 공사장에 내몰리고, 집안의 남은 쌀은 모두 세금으로 거둬 가서 초근목피로 연명을 한 지가 오래되었다. 삶은 도탄에 빠지고 집안은 웃음을 잃었다.

이에 우리는 머리를 풀어헤치고 간곡히 고하노니, 당장 태평보 공사를 중단하고 거둔 세금을 백성들에게 돌려주라. 그리고 관의 곳간을 열어 굶주리는 자들을 구휼하도록 하라.

관아 앞에는 어제보다 배나 많은 사람이 모였다. 칠팔십 명은 족히 되어 보였다. 나졸들은 당황한 기색이 역력했다. 어제의 병방이 다시 나와서 사람들이 모인 걸 보고는 황급히 현감의 처소로 달려갔다. 잠시 후 병방이 나와 면담이 허락되었다고 세 사람만 들어오라고 했다. 덕명과 성오, 복성까지 세 사람이 들어갔다. 현감이 동헌 마루에 비스듬히 앉아 수염을 매만지다가 세 사람이 들어오자 마당에 앉힌 다음 심문하듯 물었다.

"하라는 일은 하지 않고 이렇게 관을 우습게 알고 수령을 업신여기니 네놈들의 죄가 작지 않다고 하겠다. 네놈들 죄를 알겠느냐?"

현감 조문태가 마치 죄인 다루듯이 말했다.

"죄라니 당치도 않소이다. 우리 백성들은 땀 흘려 농사지으며 평화롭게 살아왔소. 그런데 태평보 공사를 하고 나서부터 우리의 삶은 무너졌소이다. 왜 필요도 없는 공사로 백성들의 고혈을 짜고 산천을 파괴하고 있는 것이오? 과연 누구를 위한 공사란 말이오?"

덕명이 피 끓는 심정으로 말했다.

"고얀 놈이로구나. 너희들이 홍수와 가뭄으로 흉년이 들 때 힘들어 하는 것을 차마 보기 힘들어 조정의 지원을 어렵게 얻어 이 궁벽한 땅에 성은(聖恩)을 내리게 한 것이거늘, 은혜를 원수로 갚다니, 이러고도 살기를 바랐느냐?"

조문태가 입에 거품을 물고 고함쳤다.

"이 땅은 강도 있고 이미 저수지가 있어 가물어도 논이 마르지 않고, 홍수가 나도 큰 피해가 없는 지역이외다. 그런데 무슨 까닭으로 이리도 백성들을 괴롭히는 것이오?"

덕명이 다시 따져 물었다.

"뭐라! 괴롭힌다고? 내가 여기 부임해서 이 고장의 어려움을 덜어 주고자 높으신 집안의 대감들과 고명한 학인들의 조언을 구한 다음 시행한 일인데, 개돼지만도 못한 네 놈이 뭘 안다고 지껄이는 게냐? 관에 감사할 줄도 모르고 망둥이처럼 날뛰다니 도저히 봐줄 수가 없구나. 엄히 다스려 법도와 기강을 바로잡아야 할 것이야. 여봐라, 이놈들을 당장 포박하여 매우 쳐라."

"예!"

사또의 지시가 떨어지기 무섭게 나졸들이 달려들어 세 사람을 곤장 틀에 묶더니 절굿공이 같은 긴 방망이로 사정없이 내려치기 시작했다. 세 사람의 입에서 비명이 터져 나왔다. 열 대도 맞기 전에 엉덩이에서 피가 튀었다. 세 사람이 거의 실신을 하고서야 피투성이가 된 몸뚱이를 관청 밖으로 내동댕이치면서 기다리고 있던 사람들에게 경고했다.

"네 놈들도 대들었다간 이렇게 물고가 날 것이다. 명심해라!"

마을 사람들은 초주검이 된 세 사람을 보고 피가 거꾸로 설 지경이었지만 어쩔 방도가 없었다. 우선은 세 사람을 치료해야 했기에 일단 둘러업고 마을로 돌아갈 수밖에 없었다. 몇 사람은 겁에 질려 대열에서 슬그머니 빠지기도 했다.

마을로 돌아온 사람들은 갑론을박했다. 이대로 낫이고 곡괭이고 닥치는 대로 들고 관으로 쳐들어가자는 사람들도 있었고, 저 높은 관청을 상대로 뭘 할 수 있겠냐며 고개를 젓는 이도 있었다. 분하긴 하지만 그렇다고 낫을 들고 뛰어들어 본들 개죽음만 당할 뿐이었다. 피해가 본인에 그치지 않고 가족에게까지 이를 것은 자명한 일이었다. 힘없는 백성들은 관에서 하라는 대로 당할 수밖에 별 도리가 없는 것도 사실이었다. 결국, 결론을 내지 못하고 흩어졌다. 몇몇은 주막에서 애꿎은 술만 퍼마시며 분을 삭였다.

늙은 덕명의 몸은 쉬 회복되지 않았다. 일주일 동안은 일어나지도 못했고, 완전히 아무는 데도 한 달이 넘게 걸렸다. 그 사이에 관졸들이 들이닥쳐 부역을 안 나온 삯이라며 마지막 남은 쌀 한 가마마저 끝내 뺏어 갔다. 다른 집도 사정은 마찬가지였다. 공사를 반대하며 시위에 적극적으로 가담했던 주동자들을 물색하여 철저히 보복했다. 끝내 몇몇은 견디다 못해 마을을 떠났다. 덕명과 연수는 그야말로 초근목피로 연명해야 했다.

이래 죽으나 저래 죽으나 매한가지라고 하면서 덕명은 다시 관아 앞에 조그마한 장막을 치고 단식에 들어갔다. 초가을 날씨는 어느덧 선선해져 있었고 하늘은 서럽게도 맑았다. 덕명은 천막에 앉아 눈을 지그시 감고 조용히 주문을 읊조렸다. 가끔 제자들이 같이 앉아서 몇 시간씩 있다 가곤 했다. 마을 사람들도 한 번씩 와서 격려도 하고 식혜 같은 것을 가지고 왔으나 덕명은 방문객들에게 주고 물 외에는 아무것도 입에 대지 않았다. 새벽에 몰래 무언가 놓고 가는 사람도 있었다. 하지만 어떨 때는 와서 행패를 부리고 가는 사람도 있었고, 가끔 지나가던 양반들은 '쯧쯧' 하며 혀를 차고 가기도 했다.

연수도 "제발 그만하시고 올라가자"라고 울면서 간곡히 말리기도 했지만 덕명은 조용히 눈을 감고 아무 대답도 하지 않았다. 그렇게 49일째 되는 날, 가을 햇살이 뜨겁게 벼에 내리쬐던 오후 덕명은 그만 장막에서 쓰러져 일어나질 못했다. 마침 같이 있던 제자 복성이가 얼굴에 물을 끼얹고 목을 축이게 한 뒤 업어서 집으로 옮겼다. 집으로 업혀 오는 모습을 보고 연수는 가슴이 철렁하여 숨이 멎을 뻔했다. 다행히 온몸을 주무르고, 미음을 몇 숟갈 먹이자 눈을 뜨고 정신을 차렸다. 정신을 차리자마자 다시 장막으로 가겠다는 덕명을 제자 복성이 자기가 계속 이어 가겠다며 겨우 말렸다. 그렇게 복성이, 성오, 원일이가 단식을 이어 갔다.

그러자 이번에는 관에서 몇몇 주민들을 매수해 단식하는 장막을 때려 부수고 불을 질렀다. 결국, 마을은 찬성하는 사람들과 반대하는 사람들로 갈라져 서로 원수가 되었다. 그렇게 끈질기게 저항을 지속하는 가운데에도 결국 삼 년 만에 태평보 공사는 완료되었다. 하지만 현감의 약속과는 달리 백성들의 삶은 더욱 비참해졌다. 고통과 가난, 굶주림은 점점 심해지고 원망은 하늘에 사무쳤다.

[39] '죄인을 죽이다. 사형에 처하다'는 뜻을 가진 옛말인데, 여기서는 '죽을 정도로 다그친다'는 뜻이다.

13

—

피습

태평보 사건 이후로 덕명의 학당에서는 검술 수련 시간이 늘었다.

"자기 몸의 주인이 되지 못하면 공부가 헛됨을 면치 못하느니라. 우리 공부는 나를 비움으로써 하늘의 지혜와 기운을 쓰는 법을 배우는 것이니, 하늘의 가르침을 받는 것은 수련으로써 하고 하늘 기운을 운용하는 것은 검으로써 하느니라."

덕명도 아침 맑은 물을 모시고는 바로 나가서 검을 수련하는 날이 많아졌다. 연수가 의아해서 물었다.

"아니 요즘은 왜 아침부터 검을 들고 나가시오?"

"내 나이도 이제 칠십이라. 당신에게 쫓겨나지 않으려면 몸을 좀 단련해야 하지 않겠소."

그렇게 말하고는 덕명이 겸연쩍게 웃었다. 하지만 꼭 몸을 위해서만은 아니라는 것을 연수는 느끼고 있었다. 무언가를 준비하는 것이리라. 연수는 불안한 예감에 애써 고개를 크게 내저었다.

그즈음 설과 종서가 남원에서 의술을 배우고 난 뒤 잠깐 집에 들렀다. 6년 만에 딸과 사위를 보니 그 반가움이야 말할 수가 없었다. 딸과 사위는 그 사이 훨씬 성숙해져 있었다. 설과 종서는 한 달을 부모님과 같이 보내고 다시 세 번째 스승을 찾아 지리산으로 들어갔다. 그렇게 들어간 지 1년 만에 딸에게서 편지가 왔다.

아버지 어머니! 저희는 여기 지리산에 들어와 잘 지내고 있어요. 여기는 경관이 너무 아름다워서 처음엔 마치 선경에 들어온 듯했어요. 오두막 뒤로는 폭포가 시원스럽게 흘러내리고 그 아래 계곡물은 검푸르면서도 연둣빛을 띠고 있어요. 크고 잘생긴 바위들이 주변 소나무들과 절묘하게 어울리고, 나무 하나 풀 한 포기도 모두 신령한 느낌이 들었어요. 저희는 계곡 아래에다가 따로 오두막을 하나 지어서 머물고 있어요.

아버지께서 소개해 주신 한돌 선사님도 정말 멋있는 분이세요. 선사님은 팔십 세를 넘으셨는데도 얼굴은 청년처럼 윤기가 흐르고 몸은 이십 대 같으세요. 저희가 갔을 때 선사님께 아버지 이야기를 했더니 무척 반가워하셨어요. 그리고 아버지 칭찬을 많이 하셨어요. 검을 그렇게 빨리 배우는 사람은 처음 봤다고. 몇 년 더 수련했다면 검으로도 조선 최고가 되었을 터인데 아버지는 더 큰 꿈이 있어서 오래 머물진 못하셨다고 하시더군요.

한돌 선사님은 호탕하고 거침이 없으셔요. 지금도 술을 좋아해서 팔십이 넘었지만 한번 드시면 말술로 드세요. 그렇게 마시고도 날이 밝으면 일어나서 제자들과 함께 한 시간 정도 기운을 돌리는 수련을 하고 검을 가르치세요.

선사님은 늘 '붓을 드는 거나 검을 드는 거나 찻잔을 드는 게 다 하나다. 마음과 기운이 검과 하나가 되어야 한다'라는 것을 강조하셔요. 그리고 검을 들기 전에 먼저 몸을 알아야 한다고, 기의 흐름을 알고 운용할 수 있어야 한다고 늘 강조하셔요. 아버지께 늘 듣던 이야기였는데 그때는 무슨 말인지 몰랐어요.

선사님은 일 년 동안 저희에게 별다른 검술을 가르치지 않으셨어요. 다만 아침마다 검을 두 손으로 잡고 이마에서 배꼽까지 내려치는 것을 삼천 번 시켰어요. 오후에는 24식밖에 안 되는 간단한 검형을 매일 백 번 반복하라고 하시고요. 처음에는 내려치기 같은 쉬운 동작을 왜 반복해서 시키나 생각하면서 우습게 보았어요. 근데 막상 내려치기를 천 번도 안했는데 온몸에서 땀이 비 오듯 했고, 천오백 번을 넘자 몸이 후들후들 떨려서 나중엔 검을 들어 올릴 힘도 없었어요. 첫날은 결국 이천 번도 못 하고 뻗어 버렸지 뭐예요. 그래도 종서는 첫날부터 꾸역꾸역 삼천 번을 다 하더군요.

선사님은 이 반복적인 내려치기를 통해 마음과 기운을 검에 실어 검과 하나가 되는 것을 익히게 하신 것 같아요. 석 달이 지나서야 삼천 번 내려치기가 조금 수월해졌어요. 육 개월이 지나면서 처음에 서너 시간 걸리던 것이 두 시간으로 단축되었어요. 그리고 오후에 하는 검형 수련도 속도가 두 배나 빨라지면서 몸이 저절로 움직이고 칼이 몸의 일부인 것처럼 느껴졌어요.

이제 1년이 지나면서 이곳 생활도 많이 안정되고 아침저녁으론 주문 수련도 조금씩 하고 있어요. 몸도 많이 좋아졌어요. 요즘 들어 아버지 어머니가 아주 그립답니다. 이제 저희도 정착할 때가 되었나 싶어요. 그럼 또 기별 드릴게요. 옥체 만강하시어요.

그로부터 두 번째 편지가 온 것은 다시 1년쯤 지났을 때였다. 갑오년 설날이 조금 지난 때였다. 고부에서 전봉준이 난을 일으켰다는 소문이 무성할 때였다.

아버지 어머니! 요즘 들어 많이 보고 싶어요. 저희는 여기서 잘 지내고 있어요. 한돌 선사님도 잘 지내세요. 2년째가 되면서 다양한 검법들을 하나씩 배우기 시작했어요. 단수검법, 예도, 본국검 등등 일주일이면 검법 하나를 익혔지만, 그것이 몸과 하나가 되는데 백일이 걸렸어요. 지금은 검법은 다 배우고,

다른 동료들과 겨루기를 하고 있어요. 처음엔 번번이 졌지만 겨루기를 거듭할수록 이기는 날이 많아지고 있어요. 익힌 검형을 실전에 응용하는 힘이 갈수록 생기는 것 같아요.

매일 주문 수련 시간도 늘려 가고 있어요. 주문의 힘으로 온몸에 기운이 가득 찼을 때 검을 들고 배운 검형들을 하나씩 반복해 보니 그냥 할 때와 큰 차이가 있음을 알겠어요. 몸이 저절로 움직이는 듯했으며, 힘이 한층 실리는 것을 느꼈어요. 이것이 예전에 아버지께서 일본 무사와 대결할 때 쓰셨던 바로 그 '용천검'이구나 알 수 있었어요. 선사님은 이제 하산해도 되겠다고 하시지만, 저희는 조금 더 머무르고 싶어요.

참 요즘은 활 쏘는 재미에도 푹 빠졌어요. 선사님이 단전을 강화하는 데는 활만 한 게 없다고 하셔서 시작했는데, 제 적성에 딱 맞아요. 오히려 전 칼보다도 더 재미있는 것 같아요. 과녁을 맞히는 것도 재미있고요. 요즘은 술방울을 놓고 종서와 내기를 하는데 제가 매번 이겨요. 덕분에 설거지는 종서가 도맡아서 해요. 호호호!

그리고 기쁜 소식이 있어요. 혼인한 지 8년 만에 저희에게 아기가 생겼어요. 이걸 제일 먼저 알렸어야 되는데, 아무튼 너무 기뻐서 꿈만 같아요. 아버지 어머니도 너무 기쁘시죠? 조만간 한번 다니러 갈게요. 그럼 옥체 만강하시어요.

두 번째 편지는 비교적 간단했지만, 기쁜 소식을 전해 주었다. 편지를 읽고 덕명과 연수는 두 손을 맞잡고 뛸 듯이 기뻐했다. 이제 어쩔 수 없는 늙은이가 된 모양이다.

갑오년 봄은 시끌벅적했다. 고부의 전봉준이 음력 1월 10일에 수천 명의 동학도들과 농민들을 지휘하여 고부 관아(현재 정읍시)를 습격한 것이다. 전봉준은 당시 무능한 정부와 부패한 지방 수령들의 폭정을 참다못해 세상을 크게 한번 건지고자 하는 생각으로 거사를 일으켰다. 그러나 이를 평정하기 위해 당도한 안핵사 이용태는 오히려 무고한 백성을 동학당으로 몰아 잡아 매질하고 민가를 약탈하여 불지르고 부녀자를 겁탈하는 등 만행을 저질렀다. 사태가 이에 이르자 분노한 동학도들은 음력 3월 21일 혁명의 기치를 올리고 고부의 전봉준, 무장의 손화중, 태인의 김개남, 금구의 김덕명 등 각지의 전주들이 중심이 되어 동학혁명의 횃불을 드높이 들어 올렸다.

무장에서 포고문을 발표하고 본격적인 거사를 도모하였다는 소식이 경상도에까지 퍼졌다. 경상도와 충청도의 동학 도인들도 술렁이기 시작했다. 일부는 해월이 있는 청산으로 모이기도 했다. 덕명의 학당에 있던 제자들도 이제 칼을 들 때가 된 게 아닌가 하며 술렁거렸다.

그로부터 한 달 보름쯤 지나서 세 번째 편지가 왔다. 설이가 곧

175

13 짧음

다니러 온다는 기별인가 하고 반가운 마음에 급히 편지를 열어 보았는데 덕명이 다 읽기도 전에 얼굴이 사색이 되었다.

"아니, 왜 그러시오. 아기에게 무슨 변고라고 생긴 거요?"

연수가 걱정스러운 얼굴로 물었다.

"아니요, 일본 무사들이 습격해서 한돌 선사와 제자들이 많이 희생되었다는군."

"아니, 그럼 우리 설이와 종서는요?"

"다행히 설이와 종서는 따로 살고 있어서, 현장엔 없었던 모양이오."

"아니, 모두 무예가 뛰어난데 어떻게 그렇게 당했을까요?"

"한밤에 급습한 모양이오. 오두막에 불을 지르고 뛰어나오는 사람들을 칼로 벤 모양이오."

"혹 예전에 그 일당들 아닐까요?"

"그럴지도 모르지. 일본의 침략이 가까웠다는 게지요. 이번 난리를 틈타 일본군이 준동을 할 모양이오."

"설이와 종서는 어쩌고 있대요? 빨리 기별을 해서 이리로 오라고 하세요. 이제 홀몸도 아닌데."

"그날 살아남은 제자들 10여 명과 함께 시신을 수습하고 종서를 비롯하여 몇몇이 적들의 행방을 뒤쫓고 있다고 하오."

"그럼 인제 어쩌지요?"

"아무래도 가 봐야겠소. 때가 된 것 같소. 비록 늙은 몸이나마 무너져 가는 나라를 바로잡고 일본의 야욕을 물리치는 데 작은 힘이나마 보태야겠소. 그동안 검술을 익힌 제자가 20~30여 명 되니, 준비하는 대로 제자들과 함께 길을 떠나겠소."

덕명이 결의에 찬 얼굴로 말했다.

"그래요. 그동안 열심히 뭔가를 준비하시는 것 같더니. 이제 떠나실 때가 되었군요."

연수도 말릴 수 없음을 알았는지 떠나는 것을 순순히 받아들였다.

"부디 무사히 돌아오세요."

14

결전

덕명은 그 길로 뜻을 같이하겠다는 제자 수십 명을 모아서 '보국안민', '척양척왜', '광제창생'이라고 적힌 동학군 깃발을 만들어 지리산으로 향했다. 덕명 일행이 지리산에 도착한 것은 그로부터 사흘 후였다. 오두막은 불탄 잔해로 스산했다. 다친 사람들은 설이네 오두막에서 치료받고 있었고, 남은 사람들은 천막을 치고 번갈아 가며 보초를 서고 적의 동태를 살피러 간 종서 일행을 기다리고 있었다. 설이는 다친 사람들을 치료하고 있었다. 덕명은 한돌 선사의 무덤으로 가 그 앞에 오랫동안 앉아 있었다. 무덤 뒤 백일홍은 유난히도 붉었다.

적을 뒤쫓던 종서 일행이 돌아온 건 그 다음 날이었다. 덕명은 더욱 늠름해진 종서를 믿음직한 눈빛으로 맞이했다.

"일본놈들이 멀리 가지 않고 남원의 선국사에 머물며 동학군의 동향을 주시하고 있는 것 같습니다."

"남원 선국사라고?"

덕명이 한때 남원 은적암에 은거했던 때를 잠시 떠올리다가 물었다.

"네. 근데 좀 특이한 점이 있었습니다. 놈들이 팔뚝에 초승달 모양의 문신을 하고 있었습니다."

"초승달 문신을 하고 있었다고?"

덕명이 되물었다.

"네 그렇습니다."

"……"

한동안 생각에 잠긴 듯하다가 다시 물었다.

"동학군의 상황도 알아보았는가?"

"전봉준의 동학군은 파죽지세로 고부, 태인과 부안을 점거한 후 도교산으로 이동하였다가 음력 4월 7일에 황토현에서 크게 승리하고 이어서 10여 일 만에 정읍, 흥덕, 고창을 점거하였고, 연이어 무장, 영광, 함평까지 점거하였다고 합니다. 4월 23일에는 장성의 황룡촌(黃龍村) 접전에서 장태[40]라는 신무기로 홍계훈(洪啓薰)의 경군(京軍)[41]을 대파하고 마침내 4월 27일 전주를 점거하였다고 합니다."

종서가 알아낸 첩보를 전했다.

"그래? 그럼 동학군은 그 여세를 몰아 곧바로 한양으로 진격한다던가?"

덕명이 동학군이 전주를 점거했다는 소식에 다소 들뜬 음성으로 물었다.

"그것이, 관군들이 병력 부족을 호소하자 나약한 조정 대신들은 청국에 원병을 청하였다 합니다. 그래서 청국군 2천여 명이 5월 5일과 7일에 아산에 상륙했는데, 그러자 일본도 자기 나라 사람들 보호를 핑계로 7천의 군대를 5월 6일 인천에 상륙시켜 한양으로 진주하였다고 합니다. 전봉준 군은 애초에 한양으로 북상하려다가 청, 일 양국 군 개입의 구실을 주지 않기 위하여 북상을 중단하고 관군과 협상을 통해 5월 7일 전주화약(全州和約)을 맺었습니다. 곧이어 5월 8일에 전주성을 관군에게 양도하는 대신 폐정개혁안 실행과 동학 집강소(執綱所)를 통해 호남 일대에서 자치를 한다고 합니다."

종서가 보고한 대로 전주화약을 통해 전라도 53개 군에 동학 집강소가 설치되었다. 집강소는 농민군 스스로가 자치하는 역사상 최초의 민정이자 진정한 해방구였다. 이 집강소를 통해 낡은 봉건제도를 과감히 쇄신하였고 국민을 위한 정치가 실행되었다.

"일이 그렇게 되었군. 못난 대신들 같으니라고. 자기 나라 백성들의 목소리를 들어주기는커녕 외세를 끌어들여 진압하려 하다니. 안 그래도 호시탐탐 이 나라를 집어삼키려고 하는 이리떼 같은 그들을 불러들이다니."

"그렇습니다. 그래도 전라도 땅이라도 국민이 주인이 되어 국민을 위한 정치가 시작되었으니 얼마나 뜻있는 일입니까?"

"그렇긴 하네. 하지만 청군과 일본군이 들어왔다고 하니, 곧 남하

해서 진압하려 들지 않겠는가? 그렇다면 지금 여기를 공격한 무리는 이러한 때를 대비해 파견된 첩자들이겠구면."

"그런 것 같습니다. 지금 이들이 남원에 머무는 것은 동학군의 동향을 한양에 들어온 일본군에게 전해 주고, 필요할 경우 동학군 지도자들을 암살하는 것으로 보입니다."

"그렇다면 이들을 제거하는 것이 매우 시급한 일이군. 어쩌면 10년 전에 내가 맞닥뜨린 그 무사도 이들 무리가 아닌지 모르겠군."

"그런 일이 있었습니까?"

"그렇다네. 동학군의 성공을 위해서는 이들을 하루빨리 제거해야겠네. 내일 바로 선국사로 가세."

이튿날 아침 일찍 덕명은 한돌 선사의 남은 제자들과 자신의 제자 중에서 나이 어린 사람들을 빼고 3년 이상 무공을 익힌 사람들을 중심으로 21명을 선발하였다. 설이도 따라오겠다는 것을 겨우 말려 남게 했다. 출발에 앞서 일행은 간단한 출정식을 했다.

"우리는 이제부터 동학군으로서 하늘에 맹세를 하고 험난한 출정 길에 나서려 합니다. 우리는 단지 한돌 선사님과 동료들의 복수를 위해 이 길에 나서는 것이 아닙니다. 우리는 외국 군대의 침략과 폭정으로부터 무너져 가는 나라를 바로잡고 위기에 빠진 백성들을 구하기 위해 이 의로운 기를 든 것입니다. 우리는 모든 사람이 하늘로 존중받는 새로운 세상을 위해 이 길에 나서는 것입니다."

덕명의 출정사에 일행은 우렁찬 함성으로 답했다. 덕명 일행은 동학군 깃발을 높이 들고, 밤이 늦어서야 남원 입구에 도착할 수 있었다. 급습하려면 새벽을 틈타 하는 것이 방법이겠지만 그들과 똑같이 할 수는 없었다. 결국, 낮에 정면 승부를 겨루자는 쪽으로 의견이 모였다. 하룻밤을 묵고 다음 날 아침 일찍 선국사로 향했다. 가는 길은 싱그러운 연둣빛으로 물들어 있었고 아카시아 향기가 코를 찔렀다.

덕명은 선국사 앞에서 편지를 적어 종서 편으로 보냈다. 정오에 절 뒤편 언덕에서 결전하자는 내용이었다. 한참 있다가 종서가 답장을 가지고 돌아왔다. 내용은 오만하고 빈정대는 투였지만 결국은 응하겠다는 내용이었다. 대신 시간을 유시(저녁 6시경)로 변경하자고 했다. 이쪽의 요구를 그대로 들어주기에는 자존심이 상한 모양이었다. 게다가 윗선에 이 사실을 보고할 필요도 있었을 것이다.

시간을 번 덕명 일행은 유시까지 나름의 대응 전략을 수립했다. 덕명은 일행들에게 하늘의 기운을 검에 싣는, 일명 '용천검법'을 전수했다. 또 일본검을 상대할 때 주의할 점에 대해서도 일러 주었다. 특히 일본검은 무척 빠르므로 거리를 유지하면서 들어오는 검을 맞부딪히지 말고 그 힘을 끌어당기면서 역으로 쓰러뜨려야 한다는 점을 강조했다. 그리고 될 수 있는 대로 죽이지 말고 팔꿈치와 무릎의 근육을 끊어서 팔다리를 못 쓰게만 하는 기술을 반복해서 숙달하게 했다.

산성 너머로 석양이 붉게 물든 유시가 되자 덕명 일행 20여 명이 언덕에 일렬로 서고, 검은 무사복을 입은 사무라이들 30여 명이 대열을 갖춰서 섰다. 덕명이 흰 수염을 나부끼며 일갈했다.

"너희들은 허락도 없이 조선 땅에 와서 무고한 생명을 해치고, 게다가 비겁하게 한돌 선사님의 학당을 불 지르고 무참히 선사님과 제자들을 죽였으니 그 죄가 하늘을 덮었다. 이에 우리는 불의를 바로잡고 조선을 지키고자 한다."

칠순이 넘었지만, 그동안 수련과 검술로 단련된 몸에서 나오는 목소리는 위엄이 넘쳤다.

"하하하. 하룻강아지 범 무서운 줄 모른다더니 일개 검도 수련생들이 수많은 실전에서 잔뼈가 굵은 우리를 상대할 수 있으리라 생각했더냐. 가소롭기가 한이 없구나. 그래도 이렇게 한낮에 대결을 청한 것이 가상하여 한 수 가르쳐 주겠으니 원망 말고 순순히 칼을 받아라."

스즈키라고 하는 얼굴이 길고 체격이 다부진 대장이 거만하게 응수했다.

"좋다. 길고 짧은 것은 대보면 알 터, 조선의 검이 그리 만만하지 않다는 것을 보여 주마. 그럼 시작하자."

덕명이 왼편으로 얼굴을 돌려 고개를 끄덕이니, 한돌 선사의 제자 중에 가장 맏이인 자운이 앞으로 나섰다. 저쪽에서는 대장의 왼쪽에 서 있던 긴 머리를 두건으로 묶고 얼굴이 조각 같은 무사가 나섰다.

자운이 가볍게 묵례를 건네곤 칼을 뽑았다. 긴 머리 무사 역시 칼을 꺼내 눈가에까지 올리는가 했더니 '얍' 하는 기합 소리와 함께 자운에게 달려들었다. 칼이 맞부딪쳤다. 굉음과 함께 불꽃이 튀었다. 긴 머리가 힘껏 칼을 밀어붙이며 칼을 좌우로 내리쳤다. 자운이 이리저리 피하며 뒷걸음질했다. 긴 머리가 다시 내리치자 자운이 머리 위로 칼을 막아 냈다. 그러자 긴 머리가 발로 자운의 가슴을 차면서 수평 베기를 하였다. 자운이 간신히 피하면서 가슴의 옷자락이 베어졌다.

놈은 무척 빨랐다. 놈이 다시 한 바퀴 회전하며 좌우 베기와 수평 베기를 연속으로 시도했다. 자운이 몸을 이리저리 뒤로 빼며 공격을 피했다. 다시 긴 머리의 연속 동작이 이어졌지만 자운이 쉽게 거리를 주지 않고 계속 원을 그리면서 빠졌다. 그러자 긴 머리가 큰 걸음으로 도약하여 두 바퀴를 회전하더니 그 회전력으로 칼을 내려쳤다. 엄청난 기운이 실린 칼을 막아 내면서 자운이 칼을 놓쳤다. 기회를 잡은 긴 머리가 맨손으로 남은 자운을 더욱 거세게 밀어붙였다. 위기의 순간이었다.

다시 긴 머리의 칼이 자운의 머리 위로 내려왔다. 피할 시간은 없었다. 칼이 있었다면 머리 위로 방어할 테지만 칼이 없었다. 순간 자운은 두 손바닥을 모아 칼을 받아 냄과 동시에 그 내려치는 힘을 역이용해서 몸을 옆으로 틀면서 앞으로 내리꽂았다. 긴 머리의 몸이 바닥에 내동댕이쳐졌다. 다시 일어서는 놈을 자운이 옆의 나무를 차고 오르면서 그 반동력으로 놈의 목을 내려 찼다. 놈이 비틀거렸다. 그 기회를 잃지 않고 자운이 떨어진 칼을 다시 잡고 한 바퀴 구르며 놈의 양쪽 무릎 근육을 끊었다. 놈이 힘없이 쓰러졌다. 자운이 칼을 놈의 목에 갖다 대었다.

"빨리 죽여라."

긴 머리가 분한 듯 노려보며 말했다. 자운이 덕명을 바라보았다. 덕명이 고개를 저었다. 자운이 고개를 끄덕이며 물러났다. 저쪽에서 긴 머리를 부축해 들어갔다. 덕명 쪽에서 함성이 터져 나왔다. 스즈키의 얼굴이 일그러졌다.

이번엔 종서가 나섰다. 저쪽에서는 대장 오른쪽의 덩치가 산만한 무사가 나섰다. 덩치는 컸지만, 눈매가 매섭게 느껴졌다. 덩치는 아주 큰 칼을 들고 있었다. 말의 목을 벨 때나 쓰는 칼 같았다. 종서가 심호흡을 하며 칼을 움켜쥐었다. 덩치가 오른손으로 칼을 내려뜨린 채 매서운 눈으로 노려보며 잠시 원을 그리고 돌더니 와락 달려들었다. 칼이 서로 부딪쳤다. 종서는 엄청난 칼 무게에 몸 전체가 밀리면서 손이 떨렸다. 하마터면 칼을 놓칠 뻔했다. 덩치가 거세게 몰아붙였다.

휙휙휙.

놈의 칼이 공중을 가를 때마다 공기의 파열음이 마치 대숲의 바람처럼 거세게 들렸다. 거기에 맞으면 몸이 베어지기보다 부서질 것 같았다. 종서는 놈의 공격을 간신히 피하고 있었다. 맞부딪혀서는 승산이 없었다. 다행히 큰 칼 때문에 놈의 동작은 그리 빠르지는 않았다.

종서가 다시 자세를 가다듬고 '지기금지원위대강'을 크게 외쳤다. 몸에 하늘의 기운이 내려 검에 실렸다. 검이 떨리면서 검기가 뿜어져 나왔다. 종서의 눈빛도 달라졌다. 덩치가 잠시 어리둥절해 하더니 다시 묵직한 검을 휘두르며 달려들었다. 종서가 그 검을 맞이하는 듯하더니 그 검을 끌어당기면서 덩치를 앞으로 고꾸라뜨렸다. 하지만 놈이 재빠르게 다시 일어나 자세를 잡았다. 놈은 다시 '얍' 하며 크게 기합을 넣고 거세게 공격을 해 왔다. 종서는 다시 공격해 들어오는 칼을 피하면서 옆으로 한 바퀴 돌아 놈의 오른 팔꿈치를 가격했다. 놈의 칼이 쿵하며 떨어졌다. 종서는 다시 뒤로 돌아 놈의 무릎 근육을 끊었다. 육중한 몸이 앞으로 쓰러졌다.

와!

이쪽에서 함성이 터져 나왔다. 스즈키의 인상이 더욱 찡그려지더니 서서히 발걸음을 앞으로 옮겼다. 오른손이 칼집에 들어가 있었다. 이번엔 덕명이 직접 나설 차례였다. 덕명이 검을 빼서 한발 앞으로 나왔다. 그런데 덕명의 검에는 칼날이 없었다. 그냥 앞뒤가 다 뭉툭했다. 스즈키가 어이없다는 듯 물었다.

"그게 무슨 검이냐?"

"이것이 바로 용천검이네."

"그걸로 어찌 사람을 죽일 수 있나?"

"내 검은 사람을 죽이는 것이 아니라 굳이 칼날이 필요 없네. 사람을 살리고 세상을 바로잡는 것이 바로 용천검이네."

"그 나이 먹도록 순진하시군."

"왜 조선에 왔느냐?"

"난 더 나은 세상을 만들기 위해 왔다."

"생명보다 더 존귀한 것은 없다. 더 나은 세상이란 모든 생명이 존중받는 세상일 것인데, 어찌 사람을 죽이며 더 나은 세상을 꿈꾸는가?"

"하하하. 나도 사람을 죽이는 것이 목적은 아니다. 난 메이지유신 이후로 새로운 시대를 위해, 대일본제국의 위대한 번영을 위해서 왔다."

"그것이 과연 누구를 위한 번영인가? 너희 백성들을 전쟁으로 몰아넣고 몇몇 지배층들만이 누리는 번영을 말하는 것인가? 그것도 이웃 나라를 짓밟고 얻은 것이 참다운 번영인가?"

"혹시 10년 전쯤에 미나모토 님을 상대한 자가 당신인가? 그 대결 이후로 미나모토 님은 본국으로 돌아가 사람을 살리는 칼 어쩌고 하면서 '활심류'의 계승자가 되셨지만 난 다르다. 대일본제국의 번영이 곧 백성들의 번영이요, 나의 번영이다. 잔말 말고 내 칼이나 받아라."

"삶에서 무엇이 진정 소중한지를 모르는 자이군. 좋다 덤벼라."

덕명의 얼굴에선 온화한 미소가 피어올랐다. 마음은 더없이 여유로워 보였다. 이미 생사를 초월한 초연함이 그를 감싸고 있었다. 덕명의 몸에는 힘이 하나도 들어가지 않았다. 하지만 기운은 가득 차 있는 듯했다. 허술한 듯 보였지만 공격할 틈이 보이지 않았다. 스즈키는 당황스러웠다. 하지만 곧바로 자세를 바로잡고 공격을 개시했다. 스즈키의 공격은 제비보다도 빠르고 날렵했지만, 그의 칼끝은 덕명의 몸에 가닿지도 못하고 공중에서만 맴돌았다. 덕명이 스즈키의 날카로운 공격을 피하는 것이 마치 춤을 추는 듯 유연하고 여유가 있었다. 서로의 시간이 다른 듯했다. 스즈키의 시간은 빠르게 흐르고 덕명의 시간은 느리게 흐르는 듯했다.

하지만 일본 최고의 무사답게 스즈키도 만만찮았다. 그의 화려한 공격이 계속되자 덕명도 조금씩 지쳐 갔다. 아무래도 나이는 속이지 못하는 것이리라. 지친 기색이 보이자 스즈키의 공격이 더욱 집요하게 이어졌다. 덕명이 계속 몸을 뒤로 뺐다. 칼이 점점 덕명의 몸을 위협했다. 위험한 순간이었다. 그때 뒤에서 노랫소리가 들렸다.

"시호시호 이내 시호 부재래지 시호로다. 만세일지 장부로서 오만년지 시호로다. 용천검 날랜 칼을 아니쓰고 무엇하리."

그 노랫소리에 덕명이 번쩍 기운이 났다. 잠시 숨을 고르고 '지기금지원위대강'을 속으로 외웠다. 바야흐로 하늘의 기운이 내렸다. 검에도 강한 검기가 흐르며 검이 우는 것 같았다. 온몸에 검기가 서렸다.

스즈키가 잠시 당황한 듯하더니 '얍' 하며 힘을 모아 공격해 왔다. 덕명은 공격해 들어오는 스즈키의 칼을 유연하게 막아 냈다. 스즈키의 칼이 덕명의 칼에 닿지 못하고 밀리는 느낌이었다. 스즈키도 이상함을 느꼈는지 마지막 힘을 모아 크게 도약을 하며 칼을 내리쳐 왔다. 엄청난 힘이 실린 칼이었다. 보통의 경우라면 칼을 막아 내도 칼을 놓칠 것이었다. 덕명은 미처 피할 겨를도 없이 뭉툭한 용천검으로 스즈키의 칼을 받아냈다. 엄청난 굉음과 함께 불꽃이 일었다. 그런데 정작 뒤로 밀린 건 스즈키였다. 덕명의 검기가 서린 칼에 스즈키의 칼이 오히려 튕겨 나간 것이다. 하지만 스즈키는 곧바로 자세를 가다듬어 반격을 해 왔다. 칼이 덕명의 가슴을 향했다. 덕명이 들어오는 칼을 받아안 듯 마중하더니 그 힘을 역으로 이용해 옆으로 제쳤다. 스즈키가 앞으로 휘청했다. 스즈키가 다시 뒤로 돌아 크게 내려치기 공격을 해 왔다. 덕명이 들어오는 스즈키의 칼을 피하면서 오른쪽으로 한 바퀴 회전하더니 스즈키의 목덜미를 다시 가격했다. 스즈키가 앞으로 고꾸라졌다.

덕명이 다가가 스즈키의 손발 근육을 끊으려 하는데 스즈키가 손짓하며 뒤의 사무라이들에게 총공격을 명령했다. 30여 명의 사무라이들이 우르르 앞으로 몰려나왔다. 그러자 이쪽에서도 종서와 자운이 앞장서면서 달려 나갔다. 양쪽이 뒤엉켰다. 종서와 자운의 손놀림이 한결 유연하고 가벼워져 있었다. 두 사람은 달려오는 사무라이들의 팔꿈치와 다리를 공격하여 쓰러뜨렸다. 그 뒤를 이어 덕명이 학처럼 날아올라 달려드는 사무라이들을 풀처럼 쓰러뜨렸다. 그 뒤를 이어 성오, 복성 등 다른 제자들도 달려드는 사무라이들을 맞았다. 몇 명의 제자들은 저들의 칼에 베여 쓰러졌지만 고꾸라지는 쪽은 저쪽이 훨씬 많았다. 여기저기서 쓰러져 신음하는 자들이 서 있는 자들보다 많아졌을 무렵, 덕명은 다시 스즈키와 마주하며 합을 겨루고 있었다.

그때였다. 저 뒤쪽 수풀 쪽에서 시커먼 기계가 번뜩이더니 굉음을 내며 불꽃이 일었다. 순식간에 몇 사람이 쓰러졌다. 일본군의 기관총이었다. 그것도 1분에 200발이 나가는 영국제 기관총이 아군과 적군을 구분하지 않고 마구 쏘아댔다. 당황한 건 스즈키를 비롯한 일본 사무라이들이었다.

"우리가 아직 여기 있다고! 왜 가리지 않고 쏘는 거냐?"

스즈키가 큰 소리로 흥분해서 소리쳤다.

"모두 없애라는 명령이다."

수풀 너머에서 목소리가 들렸다.

"뭐라고? 무슨 말이냐?"

"이제 너희들의 역할은 끝났다. 이제부터는 우리가 맡는다. 지금이 어느 시대인데 칼을 가지고 장난질인가?"

"뭐라? 메이지유신 이후로 폐도령을 내려 사무라이들을 모두 내치고 이곳까지 밀어 넣더니 이제 와서 폐기처분하는 것이냐? 그것이 진정 대일본제국의 명령이란 말이더냐?"

스즈키가 분노하며 외쳤다.

"너희들의 시대는 이미 지났다. 지금은 새로운 시대다. 대일본제국의 미래를 위해서도 너희들의 존재는 성가신 것이니 그만 역사에서 사라져라."

다시 기관총이 불을 뿜었다. 사무라이 몇 명이 쓰러졌다. 덕명과 제자들이 나무 뒤에 숨거나 바닥에 바짝 몸을 낮췄다. 스즈키는 이 상황이 도저히 이해가 안 되는지, 칼을 뽑아 들고 기관총을 향해 전진하기 시작했다. 다시 기관총이 불을 뿜었다. 스즈키의 발 앞으로 총알이 튀었다. 용케 기관총 앞까지 전진해 크게 발돋움하며 내려치기를 하려는 순간 가슴에 총알이 여러 개 박히면서 스즈키의 몸이 뒤로 휘청 떨어졌다. 숨이 끊어졌는가 했는데 스즈키가 마지막 힘을 다해 다시 칼을 딛고 일어났다. '얍' 하는 기압과 함께 도약하려는 순간 기관총이 다시 불을 뿜었다. 부릅뜬 눈을 감지 못한 채 스즈키는 다시 일어나지 못했다.

기관총은 이제 덕명 일행을 겨냥하며 풀숲을 헤치고 나와 모습을 드러냈다. 기관총을 든 두 명과 그 뒤로 소총을 든 자가 5명이었다. 피할 수 없는 죽음의 그림자가 조금씩 다가오는 것 같았다. 그때였다. 옆에서 '휙' 하는 소리가 들리더니 기관총을 메고 있던 병사의 목에 화살이 박히며 쓰러졌다. 일제히 화살을 쏜 곳으로 시선이 향했다. 다시 화살이 하나 날아와 소총을 들고 있는 병사의 가슴에 꽂혔다. 기관총이 활을 향해 불을 뿜었다. 활이 재빠르게 움직이며 나무 뒤로 몸을 숨겼다. 일본군의 시선이 활로 향하는 틈을 이용해 덕명과 제자들이 몸을 앞으로 움직이며 단도를 기관총 사수에게 던졌다. 기관총 사수가 옆으로 고꾸라졌다. 그러자 소총을 든 병사 두 명이 기관총을 다시 잡고 그쪽을 향해 방아쇠를 당겼다. 그 틈을 이용하여 다시 활이 날아들어 기관총 사수의 목에 꽂혔다. 다른 일본군이 기관총을 잡고 덕명 일행을 향해 쏘았다. 활이 다시 모습을 드러내며 옆으로 이동했다. 설이였다. 기관총이 다시 설이에게 집중되었다. 설이임을 확인한 순간 덕명이 설이를 향해 뛰었다.

설이가 '아버지'를 외치며 다시 몸을 드러내며 기관총을 향해 활을 쏘았다. 기관총 하나가 고꾸라졌다. 다른 기관총이 몸이 드러난 설을 겨냥하여 방아쇠를 당겼다. 위기의 순간이었다. 그때 달려온 덕명이 설의 몸을 안고 쓰러졌다. 총알이 덕명의 몸에 여러 개 박혔다. 선혈이 낭자하게 흘렀다. 그 순간을 놓치지 않고 종서의 칼이 기관총을 향해 날았다. 순간 소총도 같이 불을 뿜었다. 기관총 사수의 목에서 피가 뿜어져 나옴과 동시에 종서의 몸도 땅에 떨어졌다. 뒤이어 따라온 자운이 날듯이 도약하더니 마지막 남은 소총을 베어 쓰러뜨렸다. 갑자기 모든 것이 고요해졌다. 숲은 이미 어둠이 내려 있었다.

어디선가 까마귀의 울음소리가 들렸다. 설이는 피를 쏟고 있는 덕명을 눕히고 급히 헝겊을 찢어서 상처를 묶었다. 덕명의 숨소리가 거칠었다.

"아버지 정신 차려 보셔요."

"설아, 나는 곧 근원으로 돌아간다."

"아버지! 안 돼요."

"슬퍼할 것 없다. 죽고 사는 것이 따로 없는 법. 우리는 모두 무궁한 이 울타리 속에 무궁한 존재들이다."

"아버지."

"동학군의 한 사람으로 죽을 수 있어 다행이다. 이번 혁명은 성공하지 못할 수도 있다. 많은 희생이 따를 것이야."

덕명이 숨을 크게 헐떡거렸다. 곧 숨이 넘어갈 것 같았다.

"하지만, 동학군의 죽음은 절대 헛되지 않을 것이야."

"아버지! 더 말씀하시면 위험해요."

"그들의 희생으로 마침내 백성이 주인이 되는 새로운 역사가 열릴 것이야."

이 말을 마치고 덕명은 숨을 거두었다. 순간 하늘에서 꽃비가 내리는 듯 했고 비눗방울 같은 것이 빈 곳을 가득 채우며 반짝반짝 빛나는 것이 보였다.

[40] 동학 농민군이 쓰던 방어구이다. 대나무로 타원형의 큰 구를 만들어 그 안에 솜, 짚단을 채웠다. 동학 농민군이 사용했던 화승총의 사거리가 관군의 신식 총보다 짧았기 때문에 장태로 탄환을 방어하며 전진했다.

[41] 조선 시대의 중앙군을 말한다.

수운이 잠에서 깨어 눈을 떴다. 옥 안이었다. 옥문 앞에는 얼마 전에 먹었던 국밥 그릇이 그대로 놓여 있었다. 모든 것이 꿈이었다. 생시와 같은 꿈이었다. 연수와 설이와 나눈 평생의 시간이 단지 몇 시간의 꿈이었다니? 수운 자신도 의아한 꿈이었다. 마치 미래를 미리 본 듯한 생각이 들었다. 지금 이 순간에 과거와 미래가 다 들어 있는 것 같은 느낌이 들었다. 한 생각에 우주가 펼쳐지고 한 생각을 거두면 우주가 한 점으로 수렴하는 듯 느껴졌다.

그로부터 며칠 뒤, 3월 10일 아침이었다. 별장과 나졸들이 수운의 얼굴에 두건을 씌우고 소달구지에 태워서 어디론가 끌고 갔다. 경상감영에서 머지않은 관덕정이라는 곳이었다. 주로 사형수들의 처형이 이루어졌던 곳이다. 별장이 수운의 두건을 벗기자, 기다리고 있던 망나니가 수운의 윗옷을 벗기고 두 손을 뒤로 묶은 채 나무에 매달았다. 그리고는 엎드린 자세로 눕히고 턱 밑에 나무토막을 받쳤다.

별장이 조정에서 내려온 교지를 읽고 난 뒤 집행하라는 명령을 내리자, 망나니가 기다란 자루가 달린 칼로 칼춤을 한참 추더니 수운의 목덜미 위로 칼을 세게 내리쳤다. 그런데 어찌 된 일인지 피도 한 방울 나지 않고 목이 잘리지 않았다. 다시 한번 내리쳤지만 마찬가지였다. 망나니가 벌벌 떨기 시작했다. 별장도 이런 일은 처음 보는지라 겁이 덜컥 났다. 그때 수운이 엎드린 채로 조용히 말했다.

"청수를 모시게 해 주시오."

별장이 어쩔 도리가 없어 청수를 받아 오게 하고, 수운의 몸을 일으켜 앉게 했다. 수운이 청수를 모시며 마지막으로 하늘에 기도를 올렸다. 마음이 더없이 평화로웠다. 이미 죽고 사는 것을 초월한 지 오래였다. 몸은 비록 사라진다 해도 영은 우주의 본체 성령과 더불어 무궁할 것이었다. 그리고 꿈을 통해서 동학의 미래를 앞서 보기도 하였다. 비록 자기는 사라져도 수많은 수운이, 수많은 설이가 나와서 동학을 이어 갈 것이다. 수운은 설이의 웃는 모습을 마치 생시처럼 떠올렸다.

"이제 베어도 좋소."

수운은 망나니의 칼을 기다리며 자신의 마지막 시를 읊조렸다.

"물 위에 등불이 밝았으니 다른 의심이 없고, 기둥은 마른 듯해도 힘은 남아 있도다.[42]"

[42] 《동경대전》, 등명수상무혐극(燈明水上無嫌隙) 주사고형역유여(柱似枯形力有餘).

부록

　　최제우는 1824년(갑신년) 10월 28일 경주 현곡면 가정리에서 태어났다. 처음 이름은 제선이었다. 아버지 최옥은 경주에서도 이름난 퇴계학의 적통을 계승한 학자였다. 최옥은 아내와 사별하고 60이 넘도록 혼자 지내다가, 늘그막에 한 씨를 만나 아들을 낳았는데, 그가 바로 수운이다. 그런데 한 씨는 한번 결혼했던 여자였기 때문에 수운은 비록 서자는 아니지만 서자보다도 못한 멸시와 차별을 받았다. 그런 이유로 수운은 어린 시절부터 누구보다 세상의 부조리와 모순을 뼈저리게 느끼며 자랐다. 10세에 어머니마저 돌아가시자 이 무렵부터 수운은 비판적 의식을 가지고 세상을 바라보고 보국안민에 대한 걱정을 시작했던 것으로 보인다. 한편 아버지 최옥은 자신이 평생 갈고닦은 학문을 수운에게 물려주었는데, 아버지가 돌아가시던 17세 무렵에 이미 상당한 수준의 학문에 도달한 것으로 보인다. 물론 그때까지의 학문은 주로 유학, 그것도 주자학이었다.

　　수운은 13세에 울산의 박씨 부인과 혼인하여 아들 둘을 낳았다. 17세에는 스승과 같았던 아버지가 돌아가시고, 삼 년 상이 끝날 무렵인 19세에는 집에 불이 나 모든 세간살이와 서적이 몽땅 타버린다. 이후에 무과에 응시하기 위해 무예를 연마하기도 했지만 얼마 못 가 응시를 포기하고 장삿

길에 나서 팔도를 떠돌았다. 이를 '주유천하'라고 한다. 약 10년간 계속된 주유천하를 통해 수운은 책에서 배울 수 없는 많은 것을 직접 온몸으로 배우게 된다. 특히 도탄에 빠져 신음하고 있는 백성들의 삶을 직접 목격하면서 보국안민에 대한 열망이 더욱 간절해졌다.

주유천하를 끝내고 정착한 것은 1854년, 수운의 나이 31세였다. 당시 부인과 두 아들은 처가인 울산에 머물러 있었다. 수운은 일단 울산으로 내려가서 가족을 돌보며 멀지 않은 곳에 '여시바윗골'이라는 조용한 거처를 마련하고 새로운 도법을 찾기 위한 수련에 정진했다. 여기서 그동안 배운 것들을 실험하기도 하고, 독서와 사색을 통해 생각을 정리하는 한편 하늘에 기도하는 종교적 수행도 병행했다. 이후 내원암과 천성산 적멸굴에 들어가 '49일 기도'를 했다. 기도 과정에서 삼촌의 죽음을 미리 예감하는 등의 신비한 체험을 하게 되지만, 여전히 세상을 건질 대도는 발견하지 못했다. 그 사이 집안 사정은 더욱 나빠져 수운은 큰돈을 벌 수 있다는 말을 듣고 빚을 내 철광업에 손을 대지만 얼마 못 가 파산하고 거리에 나앉게 되었다. 할 수 없이 처절한 절망감을 안고 고향 경주 용담으로 돌아왔을 때는 그의 나이 36세의 한겨울이었다.

고향 용담으로 돌아온 수운은 이제 도를 통하지 못하면 다시는 세상에 나오지 않겠다는 비장한 각오로 수련에 들어갔다. 그렇다고 예전처럼 처자를 떠나 조용한 장소를 택해 들어간 것이 아니라 처자와 함께 머물면서 지독한 수련을 했다. 이런 비장한 각오 때문인지 다음 해 4월 5일, 그의 나이 37세 되던 해 결정적인 종교 체험을 하게 된다. 이때 몸과 마음이 함께 떨리고 이상한 기운에 휩싸이면서 돌연 바깥에서 하늘의 음성을 듣는다.

그는 하늘로부터 세상 사람의 질병을 고치고, 세상 사람을 바르게 가르칠 도법으로서 '영부(靈符)'와 '주문(呪文)'을 받는다. 이 체험은 약 6개월 동안 계속되었다고 한다. 수운은 이 과정에서 하늘이 영이자 기운이라는 것을 체험했고, 삶과 존재에 대한 새로운 지평이 열리게 되었다. 또한 모든 사람이 나아가야 할 참된 길(無極大道)을 깨닫고 그것이 바로 보국안민의 진정한 방도라는 것을 확신하게 되었다. 그 핵심적인 깨달음은 이후 '시천주(侍天主)'라는 용어로 정리되었다. 시천주, 즉 하늘을 모신다는 것은 안으로 하늘의 신성을 만나고 밖으로 하늘의 기운에 연결되어, 그 하늘의 힘과 지혜로써 자기만의 독특성을 누구나 온전히 자각적으로 실현하는 것을 의미한다.

이렇게 동학 성립은 수운의 경신년(1860년) 신비체험으로 결정적 계기를 마련했다. 그러나 학문으로서의 동학이 완전히 성립될 수 있었던 것은 그로부터 다시 일 년이 지난 후였다. 수운 자신의 회고에서도 알 수 있듯이 하늘님 체험 이후 바로 포교에 들어간 것이 아니라, 거의 한 해 동안은 닦고 헤아리는(修而度之) 성찰의 시간을 갖는다고 되어 있다. 수운은 이 과정을 통해서 본인의 체험을 객관화하는 작업을 하게 된다. 일 년여의 시간을 통해 자신의 깨달음을 검증한 수운은 이제 자신이 깨달은 바를 전하기 위한 절차와 도법을 정하고 비로소 포덕을 시작한다. 이때가 1861년 6월경이었다.

찾아오는 사람들에게 도를 전해 주니 용담에 명인이 났다고 소문이 나 사람들이 구름처럼 몰려들었다. 9~10월에 이르자 사방에서 찾아오는 사람들의 수가 갈수록 늘어났다. 그러자 유생들의 입에서 비난의 소리가 일기 시작했다. 관에서도 이단으로 지목하고 탄압하기 시작했다. 포덕을 계속할 수 없게 된 수운은 부득이 고향을 떠나야 했다. 제자 한 사람을 데리고 11월에 길을 떠나 12월 하순경에 전라북도 남원에 도착했다. 교룡산성 밀덕암(密德庵)에 여장을 풀고 은적암(隱寂庵)이라 이름한 다음 39세 6월까지 여기서 은신하면서 제자들을 위한 여섯 편의 글을 썼다.

남원에서 다시 경주로 돌아온 것은 39세(1862년) 6월 하순이었다. 8월이 되자 다시 소문이 퍼져 포교가 늘어났다. 그러자 관에서 수운을 체포했다. 9월 29일 수운이 경주 영장에 체포되었다는 소문이 퍼지자 2~3일 후 교도 6~7백 명이 모여들어 격렬히 항의했다. 사태가 위급해지자 관은 5일 만에 수운을 석방하고 말았다. 풀려난 수운은 11월부터 흥해 지역을 중심으로 순회하다가 12월 30일에 최초로 교단을 조직하게 되었다. 16개 접주를 임명하고 교단의 단위 조직으로 접(接)을 조직했다. 이 접은 도를 전해 준 사람과 전해 받은 수도인의 인맥을 30호 내지 50호 단위로 조직한 신앙공동체이다.

1863년 봄이 되자 수운은 다시 용담으로 돌아왔다. 이때부터 대놓고 교화와 포교에 전념했다. 경주 관아에서는 이 사실을 알면서도 탄압할 힘이 없어 조정에 대책을 세워 달라고 진정을 올렸다. 수운은 머지않아 위험이 닥쳐올 것을 예측하고 7월 23일 수제자인 최경상(崔慶翔, 나중에 이름을 시형(時亨)으로 바꿈)을 북도주 주인으로 임명하고, 8월 14일에는 도법을 물려주었다. 이때 수운의 나이 40세였고, 최경상(시형)은 37세였다. 조정은 11월에 수운을 체포하기 위해 선전관 정운구를 경주로 파견하여, 12월 10일 체포

했다. 수운은 서울 근교 과천까지 압송되다가 철종의 국상으로 인해 대구로 되돌려 보내져 다음 해(1864년) 1월 20일부터 심문을 받았다.

수운은 "등불이 물 위에 밝았으니 의심이 없고, 기둥이 마른 것 같으나 힘은 남아 있도다."라는 마지막 글을 남기고, '좌도난정'의 죄로 1864년 3월 10일 대구 장대에서 참형을 받고 순도하였다.

● 1824

10월 28일(음력)
경주 가정리(현재 경주군 현곡시 가정리 315)에서 출생.

● 1833

10세
모친 한 씨 부인 세상을 뜸.

● 1836

13세
울산의 박씨 부인과 결혼.

● 1840

17세
부친 근암공 최옥 세상을 뜸.

● 1843

20세

화재로 책과 세간이 모두 불탐. 이 무렵 무과를 보기 위해 무예를 수련함.

● 1844

21세

무예 공부를 포기하고 장삿길로 나섬(주유천하).

● 1854

31세

10년간의 주유천하를 청산하고 고향으로 돌아옴. 이후 다시 거처를 처가인 울산 유곡동 여시바윗골로 옮겨 본격적인 구도 수행을 함.

● 1855

32세

울산 여시바윗골에서 이인(異人)으로부터 천서(天書)를 받는 신비체험을 함(乙卯天書).

● 1856

33세

천성산 내원암에서 49일 수련을 함. 47일 만에 숙부의 죽음을 투시하는 이적을 체험함.

● 1857

34세
천성산의 적멸굴(寂滅窟)이라는 자연 동굴에서 49일 수련을 함.

● 1859

36세 10월
철점을 경영하다 실패한 후 처자를 데리고 경주 용담(龍潭)으로 다시 돌아옴. 이름을 제선에서 제우(濟愚)로 고치고, '불출산외(不出山外)'를 맹세한 후 수련에 정진함.

● 1860

37세 4월 5일
결정적인 종교 체험을 통해 하늘님으로부터 무극대도를 받음. 이후 계속해서 여러 달을 하늘님과 문답을 주고받는 체험이 이어짐. 이 기간 동안 「용담가(龍潭歌)」, 「안심가(安心歌)」 등의 가사와 「검결(劍訣)」을 지음.

● 1861

38세 6월
봄에 「포덕문(布德文)」을 짓고, 용담으로 찾아오는 사람들에게 본격적인 포덕(布德)을 시작. 이후 「교훈가(敎訓歌)」를 지음.

● 1861

38세 11월
관의 지목을 피해 용담을 떠나 남원 은적암(隱迹菴)에 은거. 여기서 「도수사(道修詞)」, 「권학가(勸學歌)」 등의 가사를 짓고 또 「논학문(論學文)」을 지음.

39세 3월

은적암을 떠나 경주 근교 박대여(朴大汝)의 집에 머뭄. 「수덕문(修德文)」과 「몽중노소문답가(夢中老少問答歌)」를 지음.

9월

동학의 입도자가 많이 늘어나자, 같은 달 29일(음력)에 경주 영장(營將)이 체포하여 가둠. 700여 교도들의 항의를 받고 풀어 줌.

11월

용담을 떠나 흥해(興海) 손봉조(孫鳳祚)의 집으로 가서 포덕을 하고, 12월 동학의 조직을 보다 공고히 하기 위해, 최초로 접(接)을 구성하고 접주(接主)를 임명함.

40세 1월

「결(訣)」과 「탄도유심급(歎道儒心急)」을 지음.

3월

용담으로 다시 돌아와 활발히 포덕 활동을 전개함.

● 1863

7월
「도덕가(道德歌)」를 지음.

● 1863

8월
「흥비가(興比歌)」를 지음.

● 1863

8월 14일
수제자 최시형(崔時亨. 당시의 이름은 최경상崔慶翔)에게 도통(道統)을 전수함.

● 1863

11월
「불연기연(不然其然)」을 짓고, 「팔절(八節)」을 지음.

● 1863

12월 10일
선전관 정운구(鄭雲龜) 등에 의해 체포됨. 체포 이후 서울로 압송되다가 철종의 승하로 다시 대구 경상감영으로 압송됨.

● 1864

41세 3월 10일
좌도난정율(左道亂正律)의 죄목으로 대구 관덕당(觀德堂) 장대(將臺)에서 참형을 당함.

1. '동학'을 보통 '서학'에 반대의 학문으로 알고 있는 경우가 많습니다. 그런데

   수운은 대구의 경상감영에서 심문을 받을 때 동학의 어원을 직접 밝힌 적이

   있습니다. 수운이 밝힌 동학의 본래 의미는 무엇인가요?

2. 수운은 21세에 무과 시험을 포기하고 10년간 주유천하를 하게 됩니다.

   그리고 이후에는 울산 여시바윗골에서 본격적인 구도의 시간을 갖습니다.

   수운의 구도의 동기는 무엇인가요?

3. 수운은 1860년 4월 하늘로부터 가르침을 받는 결정적 종교 체험을 합니다.

이 과정을 통해 수운이 깨달은 핵심적 가르침은 무엇인가요?

4. 수운은 시천주(侍天主)의 '시(侍, 모심)' 자를 스스로 풀이하면서,

"내유신령(內有神靈), 외유기화(外有氣化), 각지불이(各知不移)"로 풀이하였습니다.

이를 통해서 볼 때 수운이 말하는 시천주(侍天主)의 구체적 의미는

무엇인가요?

5. 수운은 '인의예지는 옛 성인의 가르친 바요, 수심정기는 오직 내가 다시 정한 도법'이라고 하면서 수심정기가 동학의 도법이라고 했습니다. 여기서 수심정기(守心正氣)란 무슨 뜻인가요?

6. 수운은 칼을 통한 혁명을 부정하지는 않았지만, 그보다는 더 근본적인 차원에서 '개벽(開闢)'을 부르짖었습니다. 수운이 말한 '개벽'은 무엇인가요?

1. 동국의 학문, 즉 우리나라의 학문이란 뜻.

2. 기울어져 가는 나라를 바로잡고 신음하는 백성들을 구제하기(輔國安民) 위해서.

3. 시천주(侍天主), 즉 모든 사람은 내면에 하늘님을 모시고 있다.

4. '시'는 모실 시, '천'은 하늘, '주'는 존칭어이다. 내유신령(內有神靈)은 '안으로는 거룩한 영이 있다는 의미이고, 외유기화(外有氣化)는 밖으로는 기화작용이 있다는 의미이며, 각지불이(各知不移)는 다른 것으로 옮길 수 없는 자기만의 독특성을 깨달아 실현해야 한다는 의미이다. 즉 '하늘님을 모신다(侍天主)'는 것은 안으로 하늘의 신성을 만나고 밖으로 하늘의 기운에 연결되어, 하늘의 힘과 지혜로써 자기만의 독특성을 온전히 실현한다는 의미이다.

5. 나의 마음을 지키고, 기운을 바르게 한다는 뜻이다. 자기 마음의 고삐를 잘 움켜잡아 자기의 주인이 되는 것이 수심이고, 자기의 몸을 하늘의 기운과 연결하여 하늘의 기운을 쓸 수 있는 것을 정기라고 한다. 수레 모는 것으로 비유하면, 수레의 고삐를 잘 잡는 것이 수심이고, 수레를 말과 잘 연결하여 말의 힘으로 원하는 곳을 가는 것이 정기이다.

6. 왕이 모든 용맹에서 근본적 변화를 이루어가도 새로운 시대의 도래, 장지자
활력에 따른 정신의 활력, 왕의 활력에 따른 용합 공공적 자원의 대자활동 이바지한다.